汲古選書 28

中国のユートピアと「均の理念」

山田勝芳 著

はじめに

この理念を知らずして中国を語り得ない、というのが、私が一九八四年に発表した「中国古代における均の理念――均輸平準と『周礼』の思想史的検討――」で初めて「均の理念」と名づけて以来抱いている確信である。これは「平均の理想」とも表現できる。

この理念は、現代中国においては、「平均主義」として中国社会全般に抜きがたい体質と化していると批判されているものではあるが、一方では歴代の思想家たちはこの理念を基盤として様々な「ユートピア」を描いてきたのだった。

本書では、各時代に見られた「ユートピア」と「均の理念」とが織り成す中国史と、これらが東アジア全域に与えた影響をみてみたい。このことは「均の理念」＝「平均の理想」が、今日世界を覆っている欧米型の自由・民主主義などの理念に勝るとも劣らない東アジアの理念としてあったこと、また現在も形を変えながら存在するということを、明瞭に示すものとなろう。

実際、中国史を通観したとき、政治・宗教・思想・革命・反乱・民衆意識・社会改革運動など、あらゆる面において、この理念は核心をなしてきたし、ユートピアは絶望的状況に投げ込まれても人々に希望を与えてきた。その全体像を可能な限り描いて、中国社会の基底を一貫して流れているこの理念を理解していただこうというのが、私の願いであり、執筆の目的である。

中国の戦国時代（紀元前四八一～紀元前二二一年）は、中国的思想のほとんどがなんらかの形で姿を現した時代であった。熾烈な思想的戦いが展開され、遊説者たちは各国の君主にいかに自分たちの思想が富国強兵、天下統一、社会安寧をもたらすかを、縷々述べたてた。そこでは、思想が採用され実行された暁に出現するはずの理想状況「ユートピア」も提示されねばならなかった。そのため、いかに魅力的なユートピアを打ち出すかという戦いも展開されたのである。

それらに共通する理想的状態は「太平」であった。これは、中国の人々によって最も理想とされた四海波立たず平和でよく治まっている状態を形容する言葉である。

いわば「太平」は、中国における「均の理念」＝「平均の理想」の極致であった。そして、この「均の理念」は、単なる理念的存在に止まらず、中国の政治・経済・財政思想の根幹ともなって、実際に中国社会を大きく動かし続けてきたのであった。

歴代の政治政策面でその具体例をあげると以下のようなものがある。前漢時代（紀元前二〇二～紀元後八年）の「均輸平準」・「常平倉」、北魏（三八六～五三四年）以降の土地均等支給を原則とした「均田」制と成年男子の税役均等納入を原則とした均賦制、北宋時代（九六〇～一一二六年）に財政運営において採用された「均輸」、モンゴル支配下でも元（一二六〇～一三六八年。元の国号は一二七一年に始まる）では

「均賦役」という言葉が使われていて税役の均等化が問題とされ、明（一三六八～一六四四年。一部は一六六三年まで存続）では税役の均等徴収のために「均田」・「均徭」などの具体策がさかんに議論された。

このような歴代の税役・財政上の用語や、近現代では孫文（一八六六～一九二五年）が主張した「三民主義」（民族・民権・民生）の民生主義の中心をなす「地権平均」など各時代の代表的な政治・経済の制度や理念に、「均」と「平」が多用されている。

宗教・思想においてもまた然り。戦国時代の諸子百家が競って提案した国政プランにおいても、「均」「平」は要の理念であった。

儒教において、「太平」は儒教が理想とする諸制度を確立することによって達成されるとされ、周知の言葉である「大同」と「小康」という独自のユートピアが描きだされた。また、『論語』に見られるように、「寡《すく》なきを患《うれ》えずして均《ひと》しからざるを患え」と孔子が宣言して以来、民の「均」をいかに実現するかを問題にしてきた。そして、孔子も尊敬してやまなかった西周（紀元前十一世紀～紀元前七七一年）初年の周公の理想的政治制度が描かれていると前近代の儒教徒に考えられていた儒教経典『周礼』には、儒教的理想として「均の理念」とその「ユートピア」が集大成されたのである。その最終的成立は前漢時代も終りに近い頃であった。

最も中国的な宗教といわれる道教においても「太平」が理想とされた。「太平」は歴代の道教各宗派の経典などに多見し、民国時代にできた書物である『洞冥記』では、関帝を最高神として全世界の「太平」が希求されるに至っている。魏晉南北朝時代（二二〇～五八九年）には、これに仏教経典の『涅槃経』などに見られる仏教の「平等」観念が影響を与え始め、さらにこの時期から唐代（六一八～九〇七年）にかけて西方から伝来したマニ教のメシア観念も中国社会に浸透していった。

革命と反乱は、同一物の表裏である。失敗に終われば反乱のレッテルが貼られ、成功すれば革命となる。後漢（二五～二二〇年）末の黄巾の乱（一八四年）は「太平」を理想として掲げた道教教団太平道の反乱であった。唐末の黄巣の乱（八七五～八四年）では将軍号に「均平」が使われ、宋以降の民衆反乱においては土地「均分」のスローガンが絶えず見られた。清朝を揺るがせた太平天国運動においても同様である。

革命家孫文の信仰は「平」であったとされるほど「平均の理想」の影響が強く、彼が主張した「地権平均」は辛亥革命後民国時代になっても実現されることはなかったが（ただし第二次世界大戦後の台湾で土地政策の基本理念として採用された）、それが革命実現に大きな力を与えたことには間違いない。中国共産党による新中国革命では、農民への土地支給は、事実上、「均分」が実現されたものとして農民に受け取られたことであろう。

魏晉南北朝時代以降、制度的に定着した財産の「均分」相続は、中国的な家族関係と相続制度の核心をなして社会全体を規制した。社会的にも基底部にまで「均の理念」は貫徹していったのである。

清末から民国時代に活躍した康有為の「大同思想」も、「均の理念」に基づいた独自の「ユートピア」

として、中国近代史の中で光を放っている。これもまた逸することができないものである。

そして、現在、改革開放の進行に伴って現れた富者と貧者とのギャップは、場合によっては深刻な社会不安をもたらしかねないために、「平均主義」への警戒・警告が絶えず示されている。働かなくても食える「大釜の飯」（「大鍋飯《タークオファン》」。日本的表現で言えば「親方日の丸」）に安住することへの批判である。

これは、中国社会に体質的に染み込んだ「均の理念」が、貧しい階層から巨大な社会運動のエネルギーとなって噴出し、現政権を大きく揺さぶることのないようにと警戒しているからである。

「均の理念」は中国だけにとどまらず、さらに大きな広がりを見せ、東アジアにおいても重要な位置を占めた。その若干をあげてみよう。

日本古代末期以降、公領と荘園に均等賦課する「一国平均役《いっこくへいきんやく》」という「平均」の語が用いられた制度が採用された。また、軍記物の代表作『太平記』は、「太平」の理念とも関わって書かれた書籍であり、その後、その理念は「太平記読み」を通じて中世から近世にかけて日本社会に広範な影響を与えた。

そして、近世江戸時代、荻生徂徠（一六六六〜一七二八年）は儒教的制度を日本にも定着させようとして、『太平策』を著した。これについては、徂徠の理想と日本近世の現実との落差が大きな問題になるであろう。この近世末には、農民一揆が「平均《へいきん》世《よ》直《なおし》将軍《しょうぐん》」などと大書した大幡《おおはた》を押し立てることもあった。また、明治維新の際には、「土地平均」風聞が広まり、農民に土地所有の淡い希望を抱かせたこともあった。

これらは、「均の理念」＝「平均の理想」が日本に受容された諸相を示すものであろう。

また、土地の均有は人類の基本的人権だという考えを強く持ち、その実現に燃えた宮崎民蔵《みやざきたみぞう》（一八六五〜一九二八年）の思想が、中国革命の父孫文に影響を与えたという指摘もなされている。しかし、孫文自体が長い中国的伝統の中で、この「均の理念」をいわば民族的体質として有していたことを知れば、必ずしも民蔵の影響ばかりではないことがわかるであろう。

孫文には、民蔵の思想に共鳴する素地がもともとあったのである。それにしても、孫文と宮崎兄弟との交流は、日中両国の「均の理念」が切り結んだ稀有の事例といってよいであろう。

朝鮮半島にも影響はあった。李氏朝鮮には十八世紀に行われた大改革「均役法」がある。これは、支配階層の利害をも超えて、朝鮮半島における王土王民思想の実現の要になったといわれる。

このような直接的に「均」「平」「太平」などの文字を使用していなくても、広く「均の理念」とみなせるものも多い。たとえば、官僚機構・身分階層の九段階、あるいは一辺千里ずつの方形が拡大していく「方形のプラン」、その他である。

とりわけ、『周礼』に理想化された制度全体が、「均の理念」と「太平」実現に不可欠だと認識されたときには、『周礼』に記載されている諸制度全般をこの世に実現することが不可欠となる。そこでは、「郡県制」ではなく「封建制」が、労役刑主体の刑罰制度に対しては見せしめ刑的な古代の肉体損傷刑（「肉刑」）こそが採用されるべきだという主張ともなる。

時代が閉塞状態になり、なんらかの改革が求められたとき、あるいは改革を正当化しようとするとき、これら「均の理念」がいつも表面化した。これが、中国史において歴代「均」「平」「太平」という言葉が絶えなかった理由である。

為政者も、知識人も、農民も、反乱者も、それぞれの知識レベルに応じた「均の理念」を有していたのである。その中でも、たとえ小さくても自分の土地を持ちたいという農民の土地「均分」思想が、最も素朴でありながら、最も大きなパワーを生み出したことはいうまでもない。

私が中国理解の要と考える「均の理念」＝「平均の理想」の現れ方は、このようなものである。これらは個別単独に出現したのではなく、複雑な相互関係と歴史的展開によって、それぞれの場において現れ、歴史を動かした。

中国史全体を通していえば、「均の理念」は支配層・知識人の理念・理想であったが、唐代以降民衆レベルにも深く浸透し、宋代以降の民衆反乱のスローガンに多出した。同時に、知識人レベルにおいても、社会改革運動・政治改革のキータームとなっていったのである。

そして清末・民国時代には、欧米諸文化との接触、さらには共産主義の影響によって、伝統的中国的理念として、新たな装いで主張されることにもなった。

また、「均」「平」は、いつでも一律平均を意味したわけではない。むしろ歴史的には、地位の上下、財産の多寡に対応した、上の者は多く、下の者は少ないという均等が多かったのである。ここに、「均の理念」＝「平均の理想」がもつ複雑さの一端が垣間見られる。

このように実に多面的な様相を見せている「均の理念」と「ユートピア」のあり方を、できるだけ提示してみたい。そして、それを通して中国の歴史と中国の人々の基調低音的心情とを、少しでも見ることができれば、と考えている。

中国のユートピアと「均の理念」　目　次

図表一覧

中国のユートピアと「均の理念」

第一章　「均の理念」とは何か？

内山完造の『平均有銭』

戦前、上海で書店経営を行いながら、中国各界との間に太いパイプをつくった内山完造は、『平均有銭——中国の今昔——』という書物を一九五五年に著している。中国への深い知識を背景として、一九四九年の新中国成立後の諸状況について、簡明な筆運びをした佳篇である。中国では、新中国成立後を「解放以後」と表現することが多い。まさにこの解放直後の状況が内山によって語られたのである。

　この書名になった「平均有銭人」の一節はごく短いものであるが、内山が解放後中国を訪れたとき、中国の友人たちが新中国について、今は無銭者がいなくなって少ないながらも皆お金を持つことができたと、誇りをもって語っていることを述べたものである。だから「平均有銭《ピンチュンヨウチアン》」なのである。

　これは、農民についていえば、「平均有耕地」ということになる。地主から土地を取り上げ農民に配分したとき、農民は長い間の念願であった土地所有を実現した。その後、人民公社への転換、さらに現段階の土地利用の柔軟化、という経過をたどるが、解放当時、たとえ狭い土地でも、皆が自分の土地を耕作できる喜びを味わったことはいうまでもない。

都市でも、農村でも「平均有銭」的状況が出現したのであり、社会主義革命を達成したと考えていた当時、中国の人々にとって、この「平均」であることがなにより喜ばしかったことがよく分かる。

「大釜の飯」を打破しよう

しかし、一九八〇年代以降の「現代化」・改革開放時代には、「平均主義」は危険な思想として当局から警戒されるようになる。

「大釜の飯」であれば、企業は国の「大釜の飯」を食い、個人は企業の「大釜の飯」を食う。このような、怠け企業・怠け者にとってきわめて都合がよい状況では、いかに働いても無駄な骨折りとなってしまう。

この「大釜の飯」は、「絶対平均主義」とも称されていて、これを新経済体制によって打破しない限り中国の発展はないというのが、特に一九八〇年代後半に強調された。そのため、「平均主義が社会主義だと思い、労働に応じた報酬という社会主義の分配原則を貫かなかったため、農民の積極性に悪影響を与えていたのだ」と、改めて声高に述べられたのである。

実際、一九六〇年十一月という全中国的に食糧難に陥っていた時代に、米産地では毎月一人二十数キロというノルマだけ刈り取り、あとは「いくらあっても公社のものだからね」といって、米を立ち腐れにしてしまった農民が多かったことが伝えられている。労働者も「働いても働かなくても賃金に変りはない」といい、半ボイコットの形でだらだらと働くことを覚えた。

しかも、中国では「単位」制という我々にはなかなか理解しにくい制度を採用していて、人々は単位なくして生活ができなかった。国営企業は一つの単位として、風呂などの日常生活、年金、病院、学校など、あらゆる面に責任を負っていた。企業の負担は重く、労働者は平均主義的意識が強かった。これが、今日破綻している国営企業の根本問題だったのである。

このため、「中国マルクス主義とは、農民の平均主義と反工業文明によって改造されてしまったマルクス主義である」とまでいわれるようになった。平均主義は、中国の「現代化」、改革開放・市場経済化を阻害する要因として、批判されるべきものとなったのである。そして、とりわけ農民の間に平均主義が根強いことから、研究者の間では、平均主義を「農業社会主義」と呼ぶ場合もある［以上は『人民中国』など］。

この平均主義の対極にあるのが、鄧小平の提唱した「一部の人々を先に豊かにさせる」政策である。多角経営を実現して金持ちになった農民と、依然として貧しい多くの農民の対比は、農民の骨の髄まで染み込んだ平均主義的感情を刺激しかねない。「過去の政策では、全体を平均的に豊かにしようとしたが、逆に全体が貧しくなってしまった。だから一部の人々を先に豊かにさせる政策は断固維持しなければならないし、全体的富裕化の唯一の道なのである」と、絶えず宣伝する必要が国家にとってはあったのである。

そして、新中国の新支配階層といってよい党・国家の官僚たちは多種多様の強大な権限を握り、上の者がより大きな権限と特権を得るという等級制を主体とする「官本位」が中国社会全体を覆う中で、高い地位を維持し、宴会漬け、利権漬けの生活をしていた。「文山」（決裁書類の山）、「会海」（会議漬け）の中で〔王輝『中国官僚天国』〕、能力主義は発揮されようがなかった。官僚制においても、いわば地位の高低に応じた平均主義がはびこっていたのである。

新生中国のはつらつたる喜びと希望とを見聞し、過去の中国との違いを平明に記録した右の内山の文は、「百聞は一見に如かず」であると、新生中国を自分の目で見る必要を知らしめたものであった。しかし、そこで賞賛されていた「平均有銭」は、今や「一部多銭」による全体的富裕化の障害となっているのである。

そして、八〇年代から九〇年代、市場経済はもはや引き返すことができないまでに中国社会に浸透し、不採算国営企業の崩壊、個人企業・個人営業の拡大、有能なテクノクラートなどの私営企業や自由業への転進あるいは出国などによって、官僚にも往時のような魅力は薄れてきた。また市場経済の進展は、電化製品の普及などの形で全体的富裕化をある程度実現したとしても、結局のところ貧富の差を拡大しているという現実を蔽《おお》いかくすことはできない。

現在、官僚の腐敗撲滅運動がさかんなことは、それだけ官僚が強大な権限を握り、不正を行っていることを示している。依然として、右に見た体質は変っていないのである。この上における官僚と下における大部分が貧しいままの農民とのいずれにも濃厚に見られる平均主義的体質は、二十一世紀の中国社会にもアキレス腱として残されるとみてよい。

このように、平均主義が現代中国において重大かつ根源的な問題であることを理解すれば、それが中国の人々の体質と言えるまでになった歴史を振り返ってみる必要性のあることがわかるであろう。まず最初に「均の理念」の根源まで遡ってみよう。

「均」「平」「太平」とは何か？

この理念そのものが、極めて多様な「均」ないし「平」の理念・理想の複合体であることを理解していただこうと思う。以下、その具体的な現れ方について、初発的様相を示す古代の事例を多面的にとりあげてみたい。

文字学の面では次のような理解が示されている。

後漢和帝永元十二年（一〇〇年）にほぼ完成した許慎『説文解字』は、「均とは平偏《へいへん》なり」とし、「均」は「あまねく平らな状態」を示すものとする。他の字書でもほぼ同様であり、「均」と「平」とは同じ意味だとされる。

古代中国の大学者鄭玄《じょうげん》（一二七〜二〇〇年）も、「均」を「平」の意味とし、さらに「同」について「和」「平」と同様な意味だとしている。これは儒教の「大同」というユートピア理念と、「均の理念」

とが底辺で関係していることを示す。しかも、金谷治氏が中国思想で重要な概念として「中庸」「中和」などと使われる「中」と「和」を問題にして、「中」と「和」とは「本来同じものをめざす言葉である」と述べたこと〔金谷治「中と和」〕を思い起こせば、鄭玄の説明は、「均」「平」がこの「中」「和」の理念・理想とも関わるものであることを理解させる。

また、最近の文字学の成果を白川静氏の『字統』について参照すると、「均」は土をならし平衡にすること、土器を作るろくろを「運均」といい、さらに平衡を生ずるから「国の均を秉《と》る」（『詩経』）ことが国の執政を意味すること、また「平」は平らかに削る意味で、それから平治・平定・平均の意味となり、全て安定した状態をいう、とされている。

「太平」は、天下の範囲すなわち世界大の「平」が実現した状態をさす。

『荘子』外篇・天道では、その冒頭で、明鏡のような静かな水面のごとく、聖人の虚静恬淡・寂莫無為たることが、「天地の平」をもたらすとする。また「平は准《じゅん》に中《あた》る」とも述べ、大工が傾きを知るために使う準（みずもり。水準器）も、水が低いところに流れて水平となる性質によることに触れる。さらに、聖人は「天と和して、それによって天下を均しく調《ととの》え、人と和する」「小ざかしい人知を用いず、全ての事柄を天に帰すこと、これが太平であり、治の極《きわ》みである」として、天と調和した政治の絶対的安定状態が「太平」として示される。それは天地大、すなわち天下大、世界大の太平であった。

また『荘子』外篇・達生にある、関尹の列子への答えの中に、「人が天の与えた本性の内にあれば、天下は平均となり、そして攻戦の乱や殺戮の刑罰が無くなる」とも見られるように、天下太平は「天下平均」とも言われた。

さらに、『呂氏春秋』仲夏紀・大楽は、音楽と関連付けている。「音楽は、きっちりとした基準の度量衡から生じ、太一に基づく、……万物の造化は太一と陰陽による。……音が和（調和）と適（バランス）を得て、先王は音楽を定めた。そして天下太平、万物安寧にして、人々は皆その上（王者）に教化される。……音楽が成り立つのも平による。その平は公から出、公は道から出る。また人々の欣喜《きんき》も平たることにあり、その平は結局、道が生み出したものだ。この根源たる道は、形に描くことも名づけることもできないが、強いて名づけて太一とするのである」。

「天下太平」にして安寧、そして道に従う世界は、音楽の調和とバランスも実現し、人々は平・和を喜ぶ。この天下太平実現者は、道に従い、音楽を定めた「王」なのである。天下至る所喜びに満ち、苦痛や悲しみはない。これが「太平」である。「太平」は、天下大の「平」「均」でなければならない。世界の安寧こそが、「太平」と判断されうる必須の条件なのである。

さて、『説文解字』は、漢字の成り立ちを象形・形声・会意などいわゆる六書で説明した。実際、漢字には象形文字を基本として、音符・意味の組合わせで作られた文字が多い。そして、この文字に限らず、中国の人々の思考法においては、抽象的なものよりは、具体的・具象的なものに因ることが多いから、「均」「平」「太平」についても、なんらかの具体性をもって説明される。

右の「ろくろ」がその一つであるし、また『荘子』の水準・水面の例がそうである。さらに日常的事象・事物から説明されることも多い。楽器・音楽、さらには右の水準あるいは天秤・規矩（コンパスと定規）などの道具その他、具体的な事物そのもの、あるいは比喩によっての説明である。まず音楽から見てみよう。

儒教の「均」と世界像——音楽と「均」「平」——

中国古代においては、音律が正しく調和していることが、天地の秩序、政治、文化全般の要諦であるとされた。天の運行による天文諸現象、それに依拠して作成される暦の基本定数、音律に規定された度量衡等々、中国世界におけるバランスと安定は音楽の調和によって得られるとされた。

この音楽の調和を生み出すためには一定の長さを持った笛で調律される必要がある。これが律管である。長さ九寸の黄鍾《こうしょう》を基準として、三分損益法といわれる方式で長さが決められ、九寸の三分の二が六寸の林鍾、その三分の四が八寸の太簇《たいそう》とされ、この音律の基準となる黄鍾・林鍾・太簇はそれぞれ天地人の三統とされた。

このような意味から、音楽・音律は政治の調和を生み出すものとも認識されていた。『国語』周語下の「政治は音楽に象《かたど》り、音楽は和に従い、和は平に従う。……律管をものさしで計り（音を整え）、（打楽器の）鍾《しょう》の音を均にする」という文がそれにあたる。ここに明らかなように、音楽の最も重要な調和を示す言葉として「和」と「平」、それに「均」が使われていた。音楽の「均」「平」は、前述の『呂氏春秋』にも「太平」実現の必要条件として見られたものである。

また、琴などの弦楽器で調和がとれていることを「均」と表現した（『荀子』礼論篇）。音楽では、弦や律管の長短が音階となるが、その場合、「均」は「イン」と発音され、調和・調律器、あるいはオクターブを意味した。

古代中国の諸思想の中で、このような音階のバランスと調和を、現実の政治に最も強く反映させようとするのが、孔子を祖とする儒教である。なお、儒家が宗教としての儒教となる段階については、私は後漢第二代皇帝の明帝時代（在位五七～七五年）であると考えているが、ここでは叙述の煩雑さを避けて儒教という言葉で統一することにしたい。

さて、現実の社会には階層があり、どこまでも平らな水面のような水平的社会はない。とりわけ孔子も理想とした封建的身分社会においては、当然の事ながら階層序列が顕著であった。春秋時代の後期から戦国時代にかけて、古い身分制は大きく動揺していたが、それにも関わらず身分階層を理想として現実政治に反映させようとしていたのが儒教である。

儒教の主張する政治の要諦は、「均」であった。次に掲げる『論語』季氏篇の「均」が、以後、儒教の「均」の理解を規定した。

丘（孔子）や聞く、国を有《たも》ち家を有つ者は、寡《すく》なきを患《うれ》えずして均《ひと》しからざるを患え、貧しきを患えずして安からざるを患えると。蓋し均しければ貧しきこと無く、和すれば寡なきこと無く、安ければ傾くこと無し。

国には貴賤・上下の身分階層があり、家には尊卑・長幼の序列がある。それぞれの身分・地位に応じた「均」が実現されていると、全体的貧しさも問題ではない。国や家においては絶対的一律平均はありえない。要するに、音階のように、それぞれの高低に応じた富の配分がなによりも必要なのである。それでこそ全体の調和がとれ、傾くことなく安定する。

儒教の「均」がこのような身分階層の「分」に応じた「均」であることを端的に示すのは、『荀子』である。「至平」（栄辱篇）、「分均」（王制篇）などの言葉にもその一端が伺われるが、以下の文には明瞭に見られる。

人は群《むれ》しないでは生きていけないが、もし互いの分をわきまえなければ争いが絶えない。……だから古の王者は社会を分割して上下の差等を実現した。（富国篇）

農民は田を分けて耕作し、……士大夫は職務を分けて政治をとり、……そうすることで、天下は平均でないものはなく、よく治まり分明でないことがない。これこそが礼法の大分である。（王覇篇）

人は、集団化しないと生きられない社会的生き物である。しかし、そこに秩序がないと争いが絶えないので、先王は身分の上下による等級とそれに応じた差異を設けた。農・工・商・士・大夫・卿・公・王それぞれの「分」があり、さらにそれぞれの中においても分があり、その分に応じた仕事を全うすれば、天下は「平均」となる。それが礼における大いなる分の実現なのである。

この人それぞれの「分」は、まさに人間社会全体のハーモニーを生み出す個々の音であり、それらは

図1　儒教の均の図式化と音階のイメージ

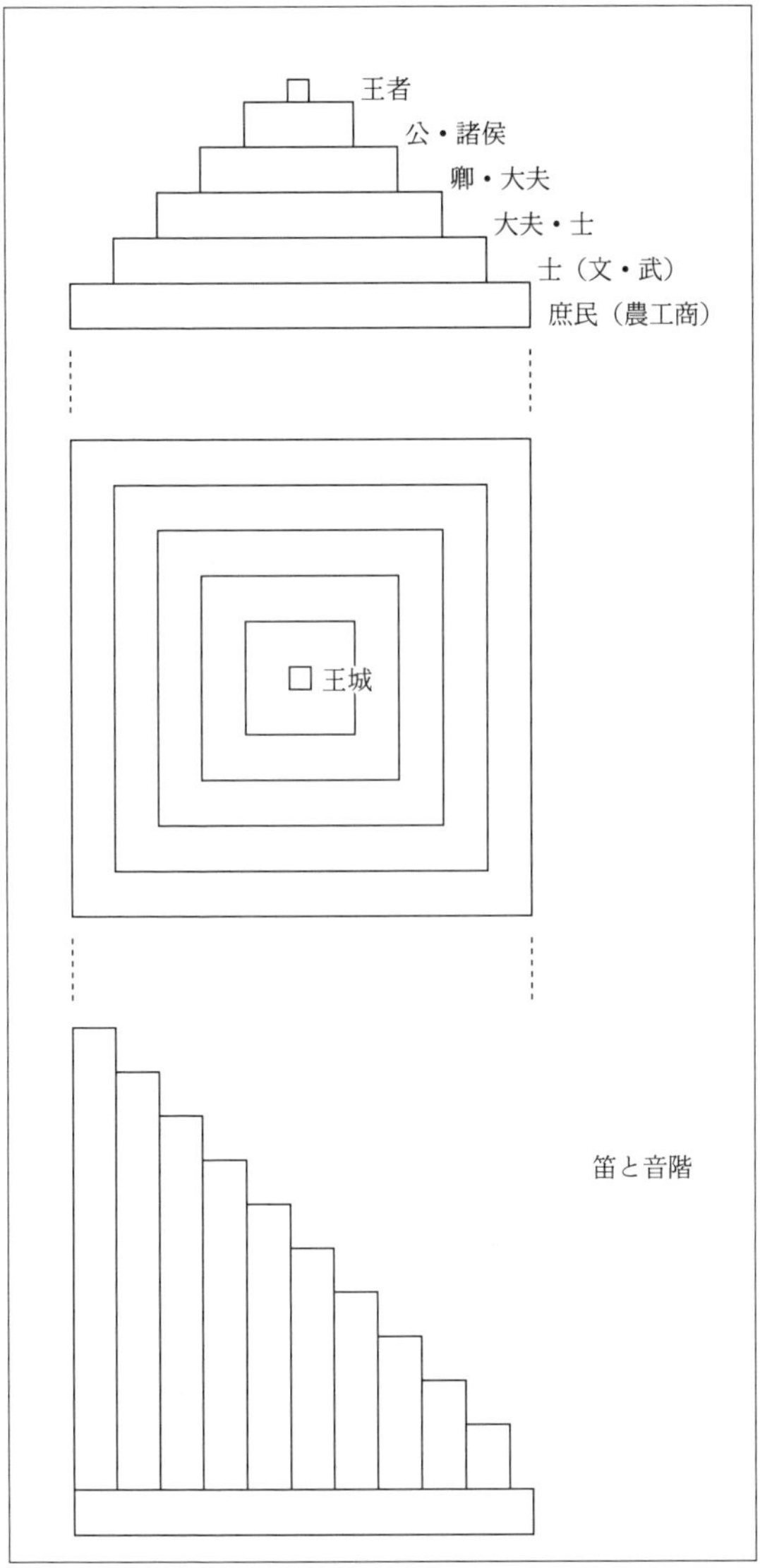

図２　秦始皇帝陵（1979年）と陵前の碑　陵の周辺部が大きく削られて耕地化されていることが分かる。陵は本来もっと高く、上から見た場合方形であり、かつピラミッド構造をなしていた（ただし頂上部分がどうであったかは不明）。

一つ一つの笛管、あるいは一本一本の弦と言うことができる。

　このような社会階層を前提とする荀子の世界像は、立体的には階段状のピラミッド構造を持つものとして示される。その具体象は**図１**に示したようなものである。笛管あるいは弦の長短に応じた音階が、立体的には階段状のピラミッドの上下関係となり、平面的には中心からの距離として現れる。

　百姓庶民《みんしゅう》はピラミッド構造の底辺に位置して、この構造全体を支える土台となる。そして各段階ごとに、その内部は一定の分をもってほぼ平均化している。とりわけ民においては一律平均であることが求められる。そして、王城すなわち天下・世界の中心からの距離は、王畿から外に広がる諸侯の封建地域や異民族地域などの地域的区分と対応する。

　このようなピラミッド構造が荀子の世界像であっ

た。前述した中国的思考法の特色から考えて、この世界像にも何らかの具体的事物が反映しているとみてよい。私は、戦国末以降の王陵・皇帝陵がそれであると考えている。その代表といってよい秦始皇帝陵は、ピラミッド型で頂上部が少し平坦な構造である。要するに、現実に存在する構築物のイメージが、この世界像に濃厚に投影されているのである（図2）。

これが、儒教の「均」のイメージであり、世界像である。それぞれの身分階層内では均一的平均が求められるが、基本的に上下の身分階層に対応した均等が主眼であった。したがって、富の配分も上の者は多く、下の者は少ないというのが当然なのである。

道家の「均」と世界像――水面・準平と「均」「平」――

『老子』や『荘子』に始まる道家思想は、後には道教の思想的根幹をなすに至り、これらの書籍は道教経典に入れられて、前者は『道徳真経』、後者は『南華真経』と称された。『史記』老子韓非列伝では、老子は楚の苦県《こけん》（現河南省鹿邑県の地）出身と伝え、荘子については蒙（現河南省商丘市の地）の出身と伝える。

これらの地は、いずれも黄河流域ではなく、淮河流域の北部に当たる。しかし、黄河は歴史上何度も氾濫によって流路を変えてきた河であり、この両地も広くとらえると黄河大氾濫原の一部ともいえる。開発の進む秦漢以前は、ほとんど森林が見られない現在の黄河大平原とは異なって、広大な森林や沼沢地が広がっていた。大平原に屹立する泰山に近い孔子の生地魯とは異なるのである。

高山の全くない、果もない大平原に広がる波一つない広大な水面に船を浮かべたとき、人は天とまともに対峙する経験をするであろう。私は、「天下」という言葉を多用する『老子』や『荘子』に、このような真平《まったい》らな水面での経験を感ずる。儒教は、規矩で描くようにきっちりと区画・区分し、礼によって律することを主張する。それに対して道家には、容器・場所によってどのような形にもなる自在な水の動きそのままがふさわしい。

水は一滴でも常に水平を保とうとする。これが大工の使う水準器の原理である。この一滴の準水から世界大の水面に至るまでの広がりが、最も端的に「平」の状況を示すであろう。『荘子』には、先に引用したもの以外に、内篇・徳充符に孔子の言として「平とは止水であり、その真平らで内に明を持し外は動かないさまは法（平準）とすることができる」ともあり、またこの水面の如く「海内の政治を平らか」（内篇・逍遙遊《しょうようゆう》）にして、「天下が均治する」（外篇・天地）のである。このように、『荘子』では水面・準平のイメージが極めて強い。

さらに、前漢武帝代（在位紀元前一四一〜紀元前八七年）に編纂された『淮南子《えなんじ》』は、道家的色彩が濃厚な書であるが、「天は縄（大工の用いる直線を描く墨縄）、地は準そのものである」「準がその機能を果たすと、平にして険《けわ》しさが無く、均にして阿《おもね》らない」「準がその平を失することがなければ、万物は皆平らかである」と述べている（時則訓）。

このどこまでも「平」である大地は、準平のようにその上の全てを「平」「均」にしてゆく。前述の「均」の字義のように、土地を平均にならしてゆくと、「天円」に対する「地方」、すなわち円い天に覆われる巨大な正方形たる大地そのものまでの広がりをもつことになる。

天の下にどこまでも広がる地は、高い天から見下ろせば「地は均」（『易』説卦）と言うことができるような平面として見えよう。同様に世界大に広がる水面も、天から見れば、全くの水平そのものに見える。しかし、大地に立って見るならば、地には山や谷などがあり、水面には風によって大小の波が生じているのがわかるであろう。水面に浮かべた小船は、いつも平安であるわけではなく、波に翻弄されることも多い。これが現実であるからには、水面の波に着目する必要がある。

道家の書『文子』は、偽作を疑われることもあったが、河北省定県第四十号墓出土の竹簡によって、その具体像がかなり明確になりつつある。従来のテキストでは「老子曰く」とあったものが、「文子曰く」となっていて、本来の姿がわかるようになった。『文子』上徳篇には次のような文が見られる。

水は平とはいっても必ず波がある。衡《はかり》は正しいようであっても必ず誤差がある。尺度が斉《ひと》しいようであっても必ず危《あや》うさがある。規《コンパス》・矩《じょうぎ》でなければ、方・円を定めることができないし、準・縄でなければ曲・直を正せない。

地が真平らであれば、水は流れない。軽重が全く均しければ衡は傾かない。（このようなバランス状態では生成変化はおきない。）物の生成変化は、陰陽の相感によってなるのである。

現実においても、全く階層が無く、水平的社会となっていることはありえない。しかし、後述する『老子』の有名な「小国寡民」の理想は、全くのフラットな社会としてとらえられている。天の声を聞く聖人は、無為にしてこのような理想的社会を実現するのである。

しかし、実際にはこのような理想通りにはいかない。一見どこまでも水平に見える水面にもやはり大小の波があるように富の大小や地位の上下があったし、それが社会の現実でもあった。またそのような変化がない限り、社会も変動しないのである。しかし、同時に、道家の社会構造は、やはり全体的には水平な水面に近いものとしてあり、あたかも屹立する泰山のようなピラミッド型の社会構造ではないことにも注意しておく必要がある。

なお、水準は細い管に水を入れたもののようであるが、現段階では出土例もないし、画像資料にも見えない。いずれにしても、古代中国の思想家たちは、抽象的な思考においても、目の前に見える具象物から思考していたことを理解していただいて、次の天秤のイメージに進みたい。

法家の「均」と世界像――天秤と「均」――

広く法家と総称される思想家たちは、法と術（君主の術策）を重んずる。従って、彼らは極めて実践的な人々であり、それだけに法的・統治技術的テクノクラート的側面が強かった。法源、すなわち法制定者である君主の下で、いかに合理的に法を定め、運用するかを問題とし、また法治的体制下で君主がいかに術によって臣下を統制していくかに関心があった。

その代表的人物が商鞅《しょうおう》である。彼は二度にわたる改革によって軍事国家的に編成して、弱体化していた秦を強国に変えた。商鞅自身は法治強化への反動で殺されたが、彼が秦国に敷いた路線は、最終的に秦王政（始皇帝）を全中国の統一者とした。いわば、秦の中国統一は商鞅の改革なくして考えられないのである。今日では、一九七五年に発見された湖北省雲夢県睡虎地《うんぼうけんすいこち》第十一号秦墓竹簡の法律関係文書によって、商鞅以降の秦の法律の発展状況を具体的に知ることができるようになった。

それは官吏の恣意を排除した一定の合理性をもった内容であり、ある意味では、マックス・ウェーバーが近代的官僚制について述べた事柄の多くがすでに実現されていたことがわかる。具体的には、文書主義、公私の区分、規律への服従、官職の階層制、それに対応した昇進制、権限の分配、法第一主義、会計監査（「上計」という）、勤務評定（「殿最」という）、俸給制などである。君主が法源であるという根本的制約があるものの、近代的官僚制の指標が広範に見られるものを古代中国の官僚制は既に実現していた。そのような早熟性があった［山田「中国の官僚制」］。

この商鞅の政治と思想を背景として成立した『商君書』は、法家の代表的な書籍の一つである。その算地篇には、「君子は権（天秤の分銅）を操《と》り、正《（政）》を一にして（分割せず一元化して）、術を立てる。その上で、官を立て、爵を貴《たか》くして、臣下を称《はか》り、栄《ほまれ》（賢能の名声）を論じ、功ある者を挙げて、官職に任ずれば、上下の称《はかり》は平となる。上下の称が平であれば、臣下はその力を尽くすことができ、君主はその権柄を専らにできる」とある。

これは明らかに、分銅によって重さを計る天秤の機能を前提とした議論である。戦国時代、楚を中心として金が広く流通し、金は基本的に称量貨幣であったため、金計量の天秤が普及した。出土しているものの多い。秦の法律では、金を計る天秤について、重さ半銖（〇・三グラム強）以上の誤差があれば罰することになっていた〔山田『貨幣の中国古代史』〕。

君主は、天秤の衡の中心をしっかりと握り、大小の分銅をもって平衡をとるように、各臣下の賢・能、功・労（職務日数）を計り、それに応じた官・爵を与える。この天秤が正しければ、官爵授与の基準が明白であるから、臣下はその能力を発揮しようとするし、君主は計量者としての地位を独占できる。

また、法家はテクノクラート的性格が強い。具体的な行政にタッチすればするほど、それは顕著になる。税を取る場合でも、対象に即した細かな対応が必要である。また、できるだけ合理的に財物の運搬も行わなければならない。それらに対して、一様に均と平が用いられる。

『商君書』では、法令が平であれば官吏は姦《よこしま》をしないし（靳令篇《きんれいへん》）、穀物課税において上の課税の法令が専一であれば、下の民は平となる（墾令篇）、と述べられている。また、前述の雲夢睡虎地秦墓竹簡の法律には、「均工律」があって、それには秦の官営工房である工室での工人の習熟度に対応したノルマに関する規定があり、これは労働の均等化を意図した用法である。

この労働を均等化しようとする精神は、「工人程」「徭律」などにも見える。「工人程」は工人の労働ノルマについて規定した法律である。年齢・男女、あるいは冬季・夏季による昼時間の長さなどに対応した労働量規定があった。「徭律」は県などによる徭役動員に関する法律であり、そこには身分の上下に関わらず全ての人に対して田土の多少に応じた人員供出を求めた規定があった。これら秦律だけではなく、他にもテクノクラート的「均」の用例を見ることができる。

兵家の書『六韜《りくとう》』には均兵篇があり、そこでは軍隊における兵力の具体的均等化に「均」が使われている。さらに、戦国時代から漢代に、長い時間をかけて成立した多様な思想を内包した『管子』では、その中でも古いものを含むとされる経言九篇の一つ、乗馬篇に「均の理念」が顕著である。

地の「平均和調」が政治の根本であること、土地の生産性に応じた課税を「地均」とし、標準的耕地を基準として、山林藪沢河川など耕地以外の土地はそれぞれ百倍から五倍の面積でそれと同額の税を出すというものであった。このような土地状況に対応した課税は、地員篇に見られる詳細な土地肥瘠の弁別と関連していることは言うまでもない。これ以外にも、『管子』には政治・行政の要諦として「均」を実現すべきことが述べられている。

これらテクノクラート的「均」の用法に共通するのは、形式的平均ではなく実質的平均を問題にしているということである。儒教で是認する制度には、成年男子なら年齢・能力に関わらず一律均等に扱うような形式的均等が多いのに対して、これらは、成年男子にあっても年齢・能力を十分に勘案した運用を行おうとする精神が強い。土地の弁別と課税などはその最たるものである。これは、行政・軍事の実際では当然のことである。

戦国末の法家の大成者韓非とその後学の手になる『韓非子』は、『老子』の影響が強い。これは、戦国時代から法家と道家との相互影響が強まっていたことによる。その六反篇では、「明君が国を治めると」「その税賦を論《さだ》めて、貧富を均にし、爵位・俸禄を手厚くして、賢者・能者を尽くし、……民には力で富を得、事《しごと》で貴を致し、過《あやまち》で罪を受け、功で賞を致すようにして、慈恵による賜与を念《おも》わないようにさせる」とある。

『商君書』同様、徴税による貧富の均等化が策されており、これは道家の水平的民の存在形態を踏まえたものであるから、「水面の均」のイメージでとらえることができる。同時に、この「均」は、平均的なものとして把握される民においても各自の能力による富貴獲得是認という形で、水面の波のようなある程度の不均を許容している。これは、現に富を有し、官となっている支配者階層の存在を容認し、正当化するものである。

また顕学篇では、戦国末の儒教・墨家が天下で尊重され、耕作・従軍しないのに手厚い待遇をえていることを批判している。そこには、「(その力で富を得た) 富人から徴税して、(怠惰によって貧しくなった) 貧家に布施する」ことを強く否定した文がある。これはいわば社会福祉的政策を否定したものである。この点で、「寡《すく》なきを患《うれ》えずして、均しからざるを患える」儒教とは決定的に異なる。ただし、儒教においては、身分階層の上位者が富を多く得ることを当然としていたことは繰り返すまでもない。

民衆レベルにおいて、一部の富貴を是認するか、全体的均等をめざすかという「大釜の飯」的論争は、既にこの段階で姿を現していたのである。

また、先にも引用した『淮南子』時則訓では、「準とは万物を準平にするものであり」、「衡とは万物を平にするものである」としていて、準平・水面のイメージと天秤のイメージが結合されている。しかも、この準は物価の平準化ともかかわり、経済的用語としても用いられる。

ここまで、法家の「均の理念」を見てくれば、基本的世界像は道家の水面・準平のイメージに依拠して、水面のような民とは隔絶した高みにある天秤を有した君主の下、官僚が実質的均等化を実現していくという形になることがわかるであろう。法家的イメージの独自性は君主の握る天秤にある。従って、次のように言うことができる。

「水面・準平のイメージ」でも、そのあくまで水平であるかのような水面にも波があり、君主は天秤の論理で、その波頭部分を官僚支配者集団の中に掬《すく》い上げ、この官僚支配者集団は水面の如き民衆における平均を実現するためにテクノクラート的「均」を操作する。能力によって富貴を得た波頭部分の人々も、さらに上昇してそれ自体が民から離れて階層化することは、法家的世界像にあっては認められない。すなわち、法家的「均の理念」にあっては、封建諸侯はもちろんのこと、豪族なども民衆の上に位置する一個の社会階層として決して容認されることはない。このようになろう。

この法家的世界像を道家的世界像と組合わせると、**図3**のようになる。

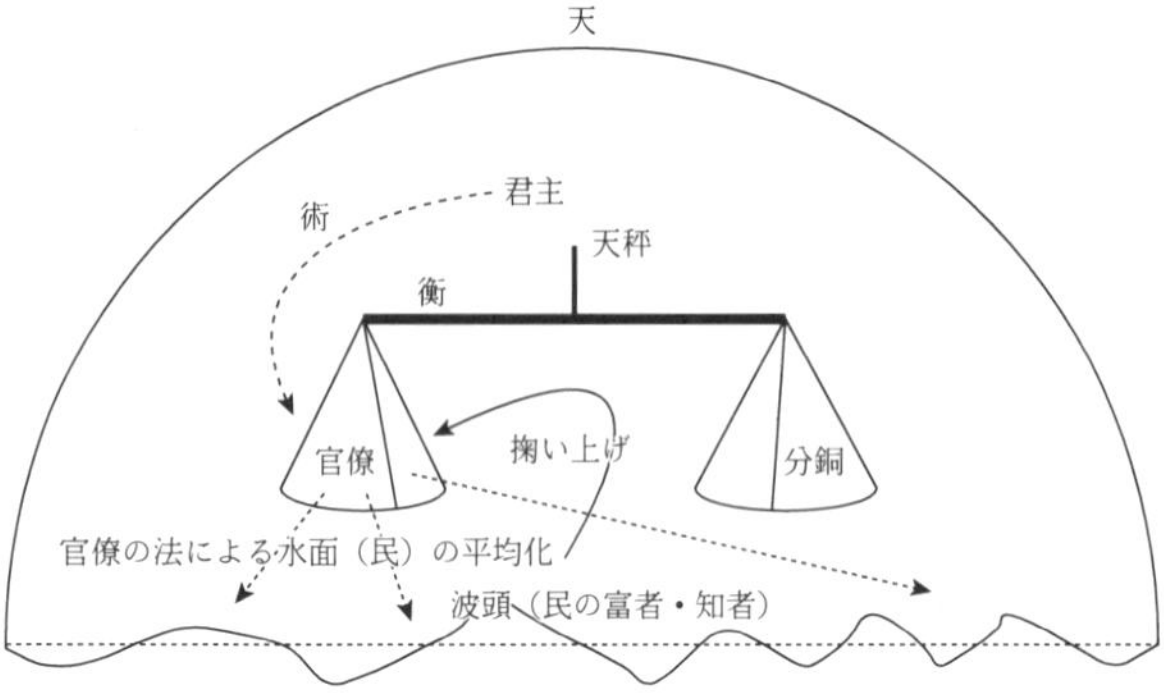

点線が世界大の水平な水面。波をやや誇張してある。

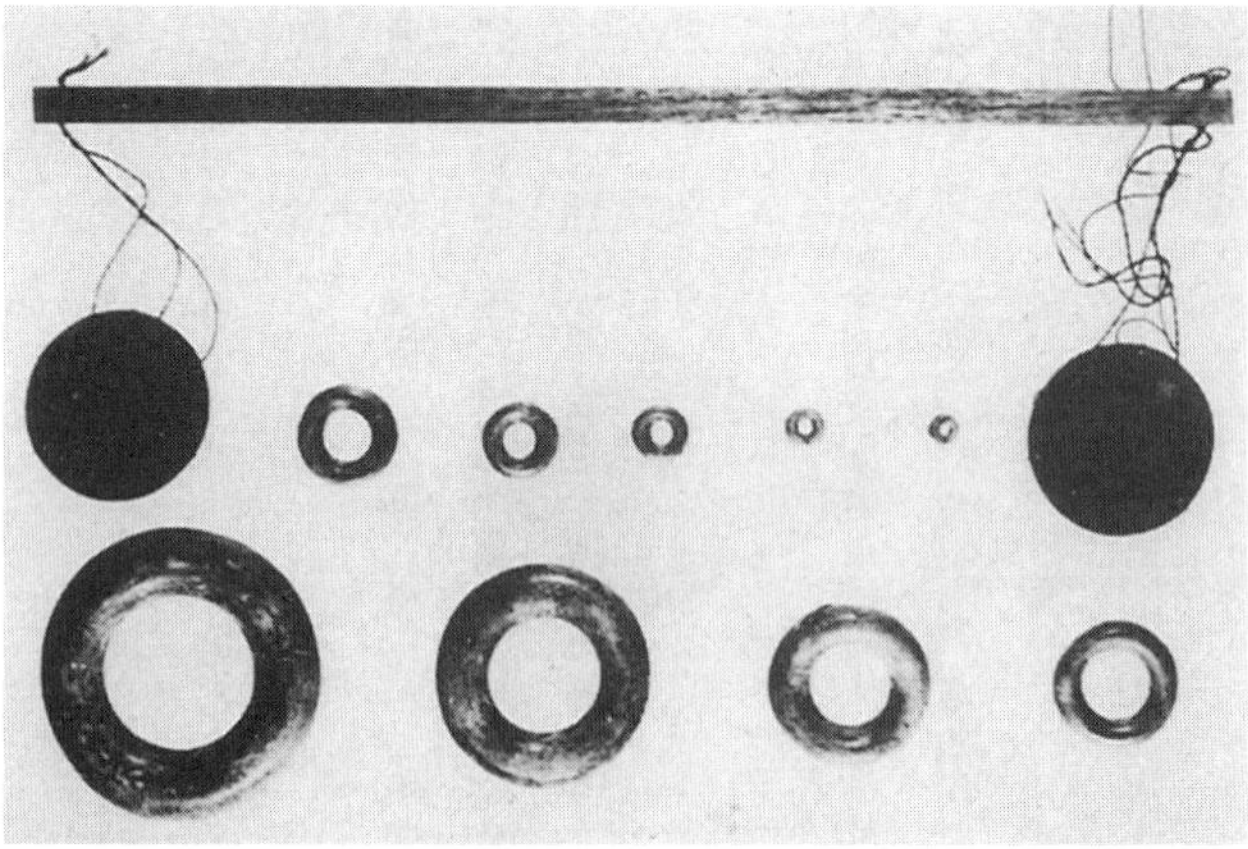

湖南省長沙市左家公山第15号墓出土天秤と分銅（中国では砝碼という）

図3 道家・法家の世界像と平均のイメージ（出土天秤図も）

儒教の地域区分――世界をどう分割するか――

儒教は、不可知的存在である海や広大な水面に目を向けない。あくまで方形の大地にこだわり、そこでの均等実現を求める。『国語』周語上では、王畿たる甸服《でんぷく》から戎狄の荒服までのいわゆる五服をあげ、また『荀子』正論篇ではこの五服について、「遠近を称《はか》って、貢献を等しくする」と説明する。中心からの距離によって地域区分を行い、それによって王者への貢献の労を均等にしようというのである。

その場合、世界の中心は「地中」あるいは「土中」と呼ばれ、最も早くは『尚書』召誥に「土中」として見える。また、先秦時代の資料を多く含み、書籍としては前漢代後期に成立したと見られる『周《しゅ》礼《らい》』地官・大司徒に「地中」とあり、長さ八尺の表《ノーモン》を立て、「夏至の正午の日陰が一尺五寸の長さになるところが地中であり、そこでは天地・四時・風雨・陰陽、全ての事象が交会し和合する」とし、そこにこそ王都はあるべきで、王都を中心として方千里の王畿を設定すべきものとする。

夏至の日陰がこの長さになる場所について、後漢の鄭衆《ていしゅう》は潁川郡陽城県の地とする。これは中岳嵩山の南に位置し、現在の河南省登封県の地にあたり、元代には高さ四十尺の表を備えた観象台を造っており、後代まで太陽観測の重要地点であった。北緯三四度二五分前後の所である。しかし、現実的には、ここから西北西約六十キロに位置する洛陽こそが地中・土中であると認識されてきた。だから、『逸周書』作雒解では「大邑成周（洛陽）を土中に作る」としているのである。

さてこうして中心が洛陽として確定した。ここからの地域の拡大は、中心の王城も王畿も正方形であるように、方形の拡大として示される。実際、中国的思考法や事物には方形を基本パターンとするものが多い。

大室幹雄氏は、百畝の正方形の耕地九つで構成される井田制（後述）、世界そのものでもある方形の碁盤、あるいは中国の住居の基本単位である方形のユニットなど、中国の人々の観念や世界観における方形の意味を鮮やかに解読した〔大室幹雄『囲碁の民話学』〕。碁盤が最も端的に方形の世界を表している。方形の地域の拡大も、具体的な事物・事象を目の前に見ての構想だったのである。私は、以下、この方形が方千里ずつ拡大してゆくものを、「方形のプラン」と名づける。

方形が拡大していくこの地域プランは、戦国時代から前漢後期までの間に、方五千里の五服の世界から方一万里の十服の世界に、距離にして二倍、面積で四倍に拡大した。

それは、『尚書』禹貢《うこう》に典型的な方三千里の九州と方五千里の五服の世界から展開する。その間、『礼記《らいき》』王制篇では九州方三千里の独自の「方形のプラン」も示された。次いで、『大戴礼《だたいれい》』朝事篇の大行人に見える中心から三千五百里、すなわち方七千里の七服の世界がある。これは、『周礼』秋官・大行人に見える、蕃国を世界外として要服を最周辺とする七服と合致する。また『逸周書』職方解には「九服」という言葉がありながらも、実際には王圻から藩服までの八服、方八千里の世界があった。

そして、同じ『周礼』夏官・職方氏には、王畿から藩服までの十服の方一万里の世界が示され、これはこれら「方形のプラン」の中で最も遅く形成されたものとみられる。『周礼』に注をつけた鄭玄は、この方一万里のうち、「九州」は方七千里に相当するとしている。同じ『周礼』大行人の方七千里と合わせて、合理的解釈をしようとしたのである。しかし、これは同じ書籍内での成立時代の前後関係ととらえられるものである。

また、『周礼』職方氏の十服は、実は方五千里で、禹貢の方五千里と同じものだとする見解も古くからある。しかし、これも『礼記』王制の公・侯は方百里とするのに比べて、『周礼』地官・大司徒では、公は方五百里、侯は方四百里としているように、封建制そのものの規模が大きくなっているので、世界全体が拡大しないと対応できないから、やはり方一万里でよいのである。

また、ここに示した儒教系統の書籍だけではなく、『管子』幼官篇にも、方三千里外の諸侯は一代で一回朝貢するなどの文が見え、少なくとも方四千里ないしそれ以上の「方形のプラン」があったことがわかるものもある。

さて、これらの「方形のプラン」のうち、禹貢・『礼記』王制・『周礼』職方氏の三つだけを**図4**に示すことにして、その拡大を見ていただく。**図1**の五段階で示したものと比べると、十服に拡大したとき、それを立体的構造にすれば、民衆の上に九段階もの階層がのるピラミッド構造になることも、理解できよう。

ここに示した儒教の「方形のプラン」は、基本ユニットの増加、すなわち碁盤目状に拡大するのとは異なって、方形の外側により大きな方形が重ねられて行く形をとっている。これに対して、陰陽五行説

図4 儒教の方形のプラン

禹貢のプラン

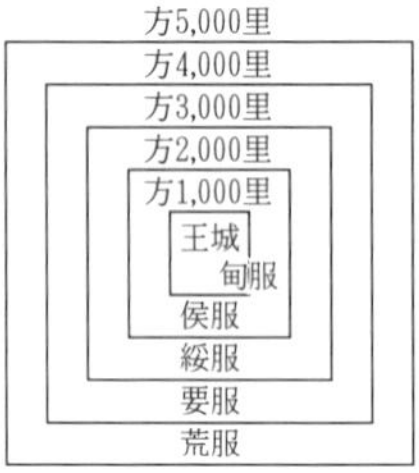

方3,000里が九州すなわち中国。各服内部はさらに細かく方形が重ねられる。たとえば甸服では、中心から100里すなわち方200里から500里すなわち方1,000里までの5地域に区分される。

王制のプラン（九州図）

禹貢とは異なって、碁盤目状のプラン。中心から100里すなわち方200里は共官、その外側の400里を御とする。甸の外の八州を采とし、八伯あり、左伯（東）・右伯（西）に統括される九州の外は流という。

夏官・職方氏のプラン（九服。実際は十服）

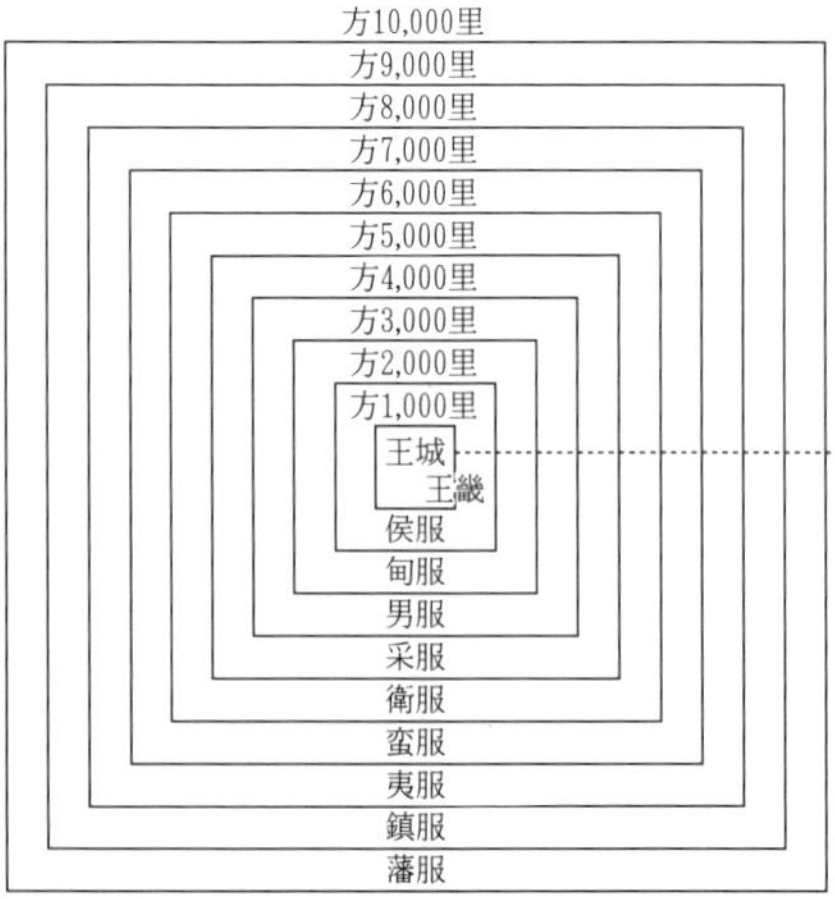

禹貢のプランでは、ピラミッドにした場合、高さは2,500里。職方氏では5,000里となる。王畿の中の王城内部は下のような王宮の中の正殿を中心としたもの。正殿に王がいる。

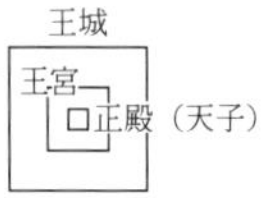

の提唱者騶衍《すうえん》の「大九州」説では、禹貢の方三千里の九州は全世界の八十一分の一に過ぎないとする方二万七千里の碁盤目状のプランが示されている。『礼記』王制のプランは、このような大規模な碁盤目状の拡大をしないが、それに類似した、方形の基本ユニットの拡大という形をとっている。

これら以外にも方形を基本とした地域プランは見られるが、基本的に儒教では方形の外側に次々に大きな方形が重ねられてゆくプランが主流であり、その意味では碁盤よりは、やはり階段状のピラミッドを真上から見た地域プランとみるべきである。

諸子百家の対立と共通性

以上、儒教・道家・法家の「均・平の理念」を大まかに見た。諸子百家といわれるような多種多様な思想的展開をみせた古代中国では、これら以外にも「均」「平」を重要理念とするものが多いが、ここでは基本的な「均」「平」の理念を理解していただくために、この三思想だけについて述べた。

この三思想だけを見ても、対立点と共通点はかなり明確になったかと思われる。道家・法家と儒家との最も鋭い対立点は、君主以外は水平な水面の如き存在、すなわち漢代の言葉で言えば「斉民《せいみん》」（君主からみて斉一な民衆）として把握され、儒教のような階層的社会構造を認めないことである。

そこから、法家では、富配分において身分階層の上下に対応したスライド的均等は認めないことになる。しかし、君主が官僚として擲い上げた者については、その官爵対応の富貴は当然としていた。君主主導を前提とするか、社会階層を前提とするか。君主権のみを前提とする法家に対して、儒教は、現実にある封建的社会階層・身分を前提とし、後代には豪族などの社会階層の存在を前提とした。

法家は、水面の波頭のような富貴者の存在を認めつつ、全体としては君主制定の法の下に一律に扱い、富についても各自の能力に応じた取得を認めた。従って、社会福祉的富の再配分を認めないのである。そのような現実の複雑さ・多様性に応じて、細かく弁別して、テクノクラート的に「均平」に運用した。

儒教は、「均しからざるを患え」た身分階層の上下による富配分の「均」が策され、ほぼ同じレベルの階層では、特にピラミッドの最底辺の民衆においては、一律均平を強く求めた。従って、法家の実質を重んずる「均平」に対して、儒教では形式主義的な「均平」の主張となる。

さらに、「方形のプラン」に明瞭なように、中心からの距離による分割・差異を当然とする儒教に対して、法家は、君主の支配する水面の如き全領域に、均一な政治を行うことを当然とし、地域を限らない全国的物流・経済を前提とする。

このような地域的観念においては、あたかも儒教の場合は、階段状に作られた棚田の水は同じ高さの間でだけ移動し、上下にはいかない、というように表現できるであろう。それに対して法家の場合は、巨大な水面において、水はさえぎるものなく端から端まで移動できるということになろうか。あるいは水の移動ではなく、水の中の魚の移動に喩えた方がよいかもしれないが。

古代中国の思想家たちの戦いは、このようなイメージの戦いでもあった。

そして、このような対立点の存在にも関わらず、現実の政治において「太平」を実現することがいずれの思想においても究極の目的とされ、共通して「平」「均」「和」「適」など、均等・バランス・調和が高く評価されている。

西欧近代のシンメトリーの極致ということができる王宮・庭園に見られるようなバランス感覚に対して、中国古代では、構築物などには確かにシンメトリー的バランスはあったが、音階、水の自由さなどの形でのバランス・調和感覚が濃厚であったと言うことができよう。

このような、「均」「平」「太平」の理念、関係する思想の概要を理解していただいた上で、次章以下でその多面的な展開を追ってみることにしたい。「大釜の飯」までの道程は長い。が、古代の「均平」と「大釜の飯」とは、二千年以上の時を経て瞬時につながってしまう。そのような本質的同質性を有しているのである。

トピック1

戦国時代曾侯乙墓の楽器類

一九七七年九月に湖北省随州市で発見され、翌年発掘された曾侯乙墓は、紀元前五世紀後半の墓とみられる巨大な竪穴木槨墓（竪に深く掘り下げ、木製の槨の中に棺・副葬品を入れた墓）である。出土物は全部で一万五千点余あり、青銅器・漆器・玉器に優れたものが多い。その中でもとりわけ注目を集めたのが巨大な編鐘《へんしょう》であった。これは大小六十五個の青銅の鐘を青銅と木製の三段の枠に並べつるした楽器で、全重量が約五トンあり、全体として五オクターブの音をだすことができ、現在でも演奏ができるものである。

この編鐘の他にも多数の楽器が出土し、古代中国の音楽の豊かさを現在に伝えた。その中には、打楽器である石製の磬《けい》を三十六個並べた編磬や建鼓（柱の中ほどに太鼓を取り付けたもの）、弦楽器の五弦琴・十弦琴・瑟（大型の琴。二十五弦）などがあり、さらに管楽器の笙（十四本の竹管をもち、リードを振動させて音をだす）・排簫（十三本の縦笛を並べる）・篪《ち》（横笛の一種）などがあった。

図は上が編磬、下が排簫であり、ともに石の大小、笛の長短で音階をなしていることがよくわかる。

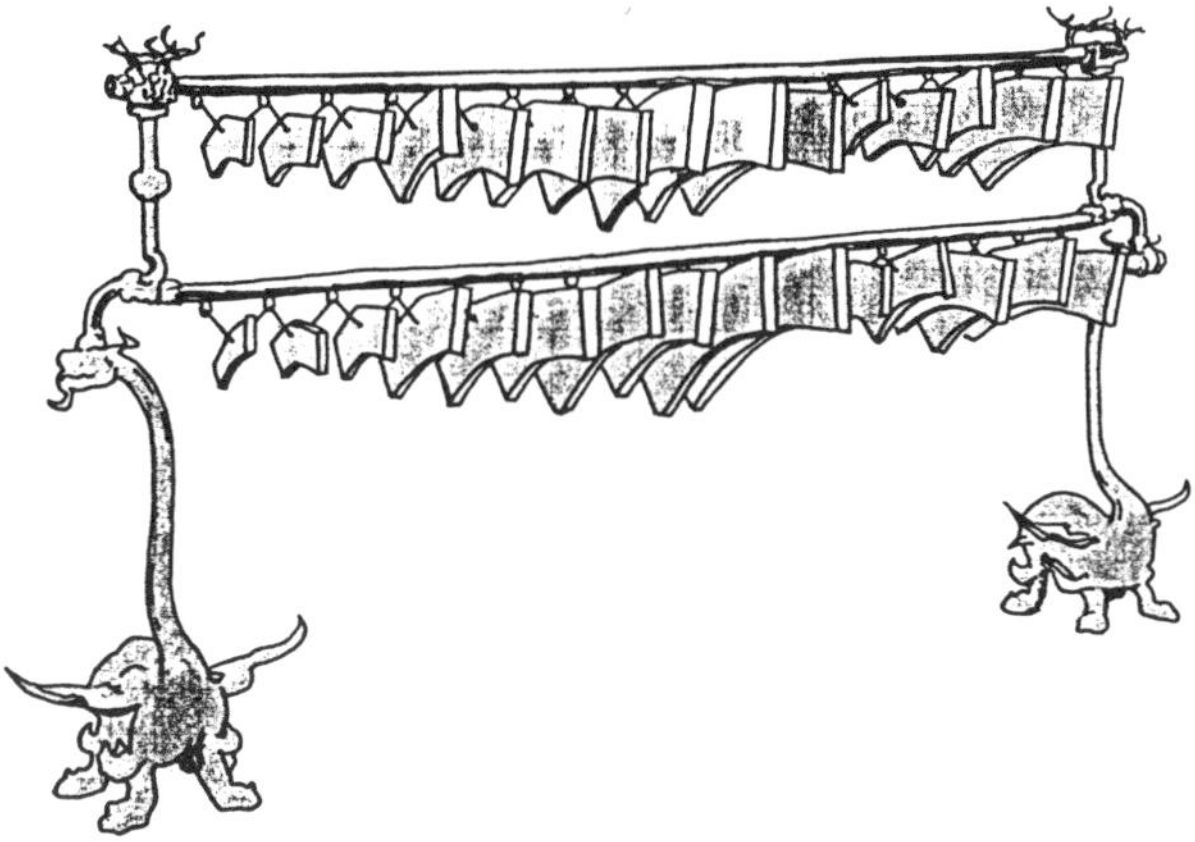

通高109cm、梁の長さ215cm

長22.5cm、幅11.7cm

第二章　儒教の「均の理念」——集大成された『周礼』——

儒教経典『周礼』の出現

儒教経典のなかでも、礼経の一つとされる『周礼』は古来問題とされることが多かった書籍である。『周礼』を積極的に取り上げ、利用しようとした人物には、前漢王朝を簒奪し新王朝を立てた王莽《おうもう》（前四五～後二三年。在位後九～二三年）、唐を奪い周王朝を立てた則天武后（武照。六二七～七〇五年。在位六九〇～七〇五年）、北宋の政治改革を進めた王安石（一〇二一～八六年）など、時代全体を揺り動かした改革者がおり、しかも、彼らが中国歴代の儒教学者に極めて評判が悪かったということも、その一因であった。

しかし、『周礼』は、中国史上、現実の政治に対して理念的に最も大きな影響を与えた書籍といっても過言ではない。特に南北朝時代の西魏・北周では、『周礼』そのままに近い政治制度・官僚制度を構築したほどであり、歴代、大なり小なり影響を与え続けたのである。

儒教においては、『周礼』は聖人周公の制定とされる。周公は、孔子が理想とし、夢にまで見た人物である。

周公は幼い成王を補佐し、王が成人した後、政治を奉還した。ここから、幼君を補佐して実権を握った人物が、自己を正当化するために『周礼』に興味・関心を示すことも多かった。これもまた、『周礼』を儒教経典として尊重しつつも、慎重派の儒学者にやや敬遠的態度をとらせる要因となった。

またその出現状況も、後代紛々たる議論を引き起こす一因となった。

前漢武帝の母違いの兄の一人、河間王劉徳は、学問好きで善書収集をしていた。その収集方法は、民から善書を得れば、立派な写本を作ってそれを元の所有者に渡し、かつ金・帛（絹織物）を与えて、真本は王が所有するというものであった。こうして、王の下には多くの貴重な書籍が集まったが、その中に古文で書かれた『周官』・『尚書』・『礼記』などがあったという。また、王は、やはり古文で書かれていた『春秋左氏伝』（『左氏伝』あるいは『左伝』と省略する）に王国の博士官を置いた。

この「古文」の「文」は文字の意味である。古文とは今文《きんぶん》に対する言葉であり、漢代通行の文字である隷書が今文であるのに対して、秦の篆書・隷書による文字統一以前、戦国各国で使われていた文字をいう。秦始皇帝の焚書坑儒事件は、多くの古文のテキストを失わせ、口伝的伝承をしたものが漢代に今文で書籍化された。それに対して、魯などで残された古文のテキストが武帝時代に世間に現れることもおこってきたのである。

こうして、武帝代に『周官』という名称で世間に現れた『周礼』は、すぐには儒学者の間に広まらなかった。武帝代以降の「儒家一尊」といわれるような、儒教の国家教学化の中での主流は、今文の公羊学派であった。

本来、魯の国の年代記であった『春秋』につけられた注には、『春秋』三伝といわれる『公羊伝』『穀梁伝』『左氏伝』があった。その中でも、『公羊伝』は、原理主義的側面が強く、『春秋』の義理の解明を重んじ、復讐を肯定し、徹底した動機主義をとり、侠気を礼賛するなどの特色を持ち、また最も攘夷思想が強かった〔日原利国『漢代思想の研究』〕。

このうち、有名な動機主義について触れておく。『公羊伝』には「君・親は将《まさにせん》とすることなし。将とすれば必ず誅す」（荘公三十二年）とあって、君主と親に対しては、心で殺害の念を抱いただけで死刑にするという。この動機主義を、漢代では「心を原《たず》ねて、罪を定む」、あるいは「情を原ねて過《あやまち》を定む」と表現している。動機が悪ければ結果がよくても罰せられ、動機が善ければ結果が悪くても免れることがありうるのである。

この公羊学派は、前漢後期には讖緯《しんい》（図讖と緯書）という神秘主義的・預言的なものを取り入れ、また漢王朝の中枢に深く入り、皇帝の政治をも大きく規制し始めていた。そして、儒教的儀礼によって国家祭祀全般が改変された。当然、国家の博士官には公羊学を中心とした今文系統だけが立てられ、古文系統のテキストは正統的学問の立場を与えられることはなかったのである。

今日、我々が古代中国の書籍状況を知ることができるのは、後漢・班固編纂の『漢書』芸文志のおかげである。この書籍目録は、直接的には劉歆《りゅうきん》が編纂した『七略』に基づいている。劉歆がこのような一大書籍目録を編纂できたのは、宮中所蔵の秘書を閲覧・整理したからである。

この劉歆が、古文系統の『左氏伝』・『毛詩』（『詩』の毛氏の解釈・注のテキスト）などを好み、哀帝時代（在位前七～前一年）、これらに博士官を立てるよう要請したが、皇帝の擁護があったにも関わらず、実現しなかった。それほど今文派の力は大きかった。

しかし、前漢末に王莽が権力を掌握して事態は大きく動く。言葉と文字に異常なほど鋭敏だった王莽は、古文のテキストにも強い関心を示した。彼が実権を握っていた平帝（在位前一～後五年）の元始四年（後四）に、『毛詩』などともに、『周官』として再び歴史上に姿を現す。後、居摂三年（後八）九月の劉歆らによる上言中に、『周礼』として見え、彼らは「摂皇帝王莽が、秘府（宮中の書庫）を開いて、……『周礼』を発見して得た」と賞賛している。

そして、既に平帝時代、古文系統の『左氏伝』『毛詩』などに博士官が立てられていたが、王莽即位後、劉歆の強い後押しで『周礼』にも博士官が立てられた。

ここから、劉歆が偽作して王莽が利用したとか、王莽が作らせたなど、この二人の偽作・作為を強く主張する説が出てくることになる。

このような出現状況が、『周礼』のいわば出生の暗さとなり、後代には攻撃の対象ともされた。しかし、『周礼』は後漢代に次第に儒教経典としての権威を増し、後漢末の鄭玄の手によって「礼の経」として不動の地位を確立するのである。

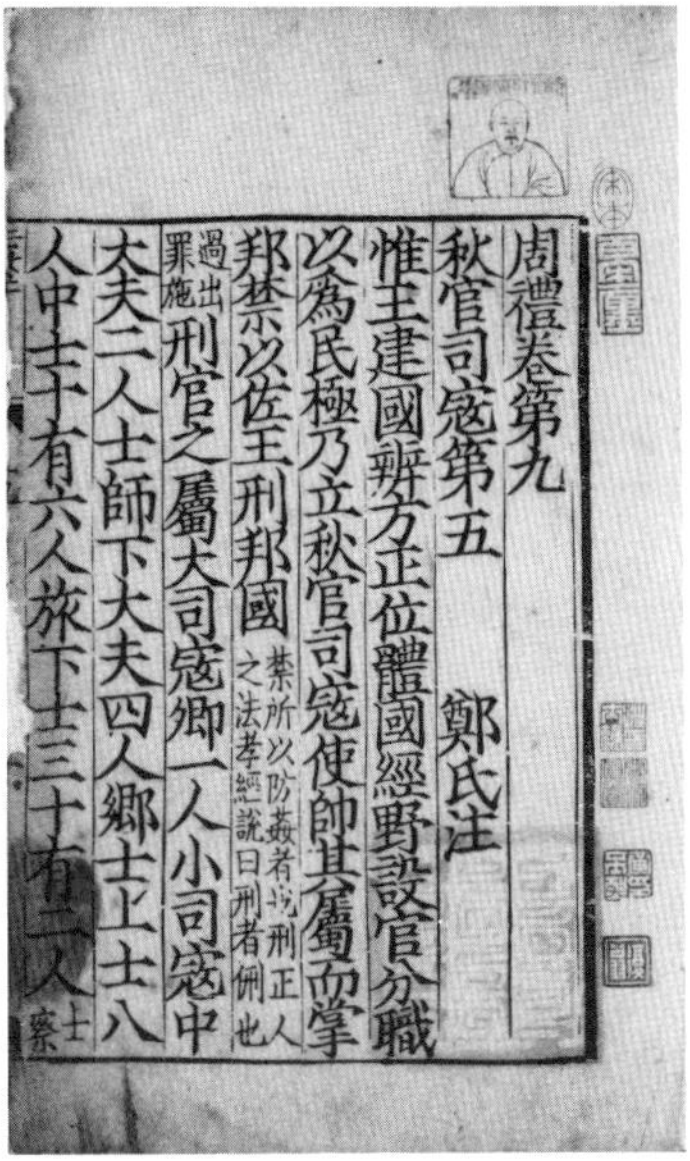
周禮卷第九
秋官司寇第五　鄭氏注
惟王建國辨方正位體國經野設官分職
以爲民極乃立秋官司寇使帥其屬而掌
邦禁以佐王刑邦國 禁所以防姦者也刑正人之法孝經說曰刑者侀也過出罪施
刑官之屬大司寇卿一人小司寇中
大夫二人士師下大夫四人鄉士上士八
人中士十有六人旅下士三十有二人

図5　『周　礼』（静嘉堂文庫蔵）
同文庫所蔵の南宋時代の刊本で重要文化財。右上に旧所蔵者である陸心源の肖像入りの蔵書印がある。『周礼』の日本での訳注には、原田種成校閲、本田二郎著『周礼通釈』上・下（秀英出版　1977・79年）がある。

ただし、注意しておかなくてはならないのは、後漢一代を通じて古文系統のテキストが博士官に立てられることはなかったということであり、前・後両漢を通じて国家レベルの儒教信奉においては、今文学に強く固執したのである〔吉川忠夫『六朝精神史研究』〕。

『周礼』のピラミッド構造

漢代に出現した『周礼』は、その段階で既に全六官のうち、最後の冬官が失われていたため、古い資料を含む技術関係の書『考工記』を冬官部分に取り入れて、全六官にしたという。六官とは、天官・地官・春官・夏官・秋官・冬官（考工記）であり、全体は周公制定の周の封建制度・官僚制度・行政理念であるとされた。

その各官の職務の概要は、以下のようになる。

天官のトップは冢宰（大宰）であり、王を助けて、国家の根本法典である六典（治典・教典・礼典・政典・刑典・事典）以下、八法（官府の法）・八則（群臣統御の術）・八柄（人材登用法）・八統（民の職業・職務）・九賦（賦税収入）・九式（支出）・九貢（貢献）・九両（民安住法）の方法を用いて、政務全般を掌握した。ここでは、非常に形式主義的に数を八とか九に揃えていることだけを見ていただきたい。

また、小宰以下の各官の職務はきわめて多様であるが、王城内の王宮にあって、後宮も含めた王身辺の職務と、王宮内の財庫とその出納、それに関連した貨幣関係という財政面の職務も含む。

地官のトップは大司徒であり、王を助けて具体的な土地把握と人民統治を行うことを職務とした。その職掌は、世界の中心である地中の測定から始め、五地（山林・丘陵など）・十二教（民の教化）・十二土（地域と土壌）・六養（老幼病弱の福祉）などで、数字では十二・六・五が多用される。

また、小司徒以下の各官の職務は、王城内（「邦」ないし「国」）から、その郊外の六郷（方二百里内。この範囲は「国中」という）、方四百里内の六遂、この四百里外に広がる方千里までの都鄙まで、王畿の民政全般を担当する。この都鄙には王の子弟や公卿大夫が采邑を与えられる。

春官のトップは大宗伯であり、王を助けて国家の祭祀・儀礼全般を担当した。「九儀の命」という九段階のピラミッド型の官位制度も、その職務内に含まれる。

また、小宗伯以下の各官の職務は、王が行う祭天儀礼以下、葬儀など、あらゆる祭祀・儀礼に及び、その執行に必要な官職が配置されていた。その中には占い担当の諸官もあるが、特に重要なのは王の近辺で政務に関わり、法と文書を担当した内史・外史・御史である。

夏官のトップは大司馬であり、王を助けて軍事を担当し、王畿外の九服を区分し統制する。その職務の「邦国の九法」は、軍事のみならず政治全般に関わる内容となっている。そのため、王莽偽作を主張する者は、王莽が漢王朝にあって大司馬のポストで権力を握ったので、特に大司馬の権力を強大なものにしたのだというほどである。

小司馬以下の各官には、小司馬も含めて官職名だけがあって職掌の記述が欠けているものが多い。王莽・劉歆作成主張者は、これは制作途中であったことを示すという。なお、天下十服を担当した職方氏も夏官に含まれる。

秋官のトップは大司寇である。王を助けて法律・裁判を担当する。小司寇以下には法律・裁判・刑罰・牢獄及び刑徒を使役する労役関係の職務が多い。その中には、封建諸侯の儀礼を担当する大行人があり、公・侯・伯・子・男の五等爵に応じて、九・七・五の数字を多用した儀礼制度を定め、また、要服（方七千里）六年一度など、距離に応じた諸侯の朝見制度も定めている。

冬官は失われている。しかし、他の五官に準じて考えれば、トップは大司空であり、王を助けて土木工事と武器・器物作造全般を担当し、その下に小司空以下の各官が配置されていたはずである。現在冬官に配されている『考工記』は、工人の技術に詳しく、そこにも函人（甲冑）・玉人（玉器）・矢人（矢・鏃）などの古い来歴を持つと思われる官名が見える。

そのうち、匠人には、次のような王城の造営プランがある。

城内には南北の道が九、東西の道が九、道幅はいずれも九台の車が並列できるものとする。王宮の正面（南）に政務を執る朝、背面（北）には市、また左（東）には祖廟、右（西）には国社を配置する。

このプランは、都城造営プランとして極めて大きな影響を与え続け、三国時代以降この理念に影響された都城造営がなされた。特に明・清北京城の原型となった元の大都では、かなりこのプランに忠実であった。

さらに、匠人には、明堂の建設プランも見える。これは、周代にあったといわれる政治をとる建物で、儒教はそれによって理想的政治が実現すると強く主張する。これも、歴代大きな影響を与え、たとえば則天武后は、周の首都洛陽に高さ二九四尺（九十一メートル余）の明堂を建設した。これについては後述する。

全体として、各官は、卿・中大夫・下大夫・上士・中士・下士という官位の等級制度をもっており、これら一命から九命までの士以上の官に対して、官府の長官が任命した府（財物担当）・史（文書担当）、

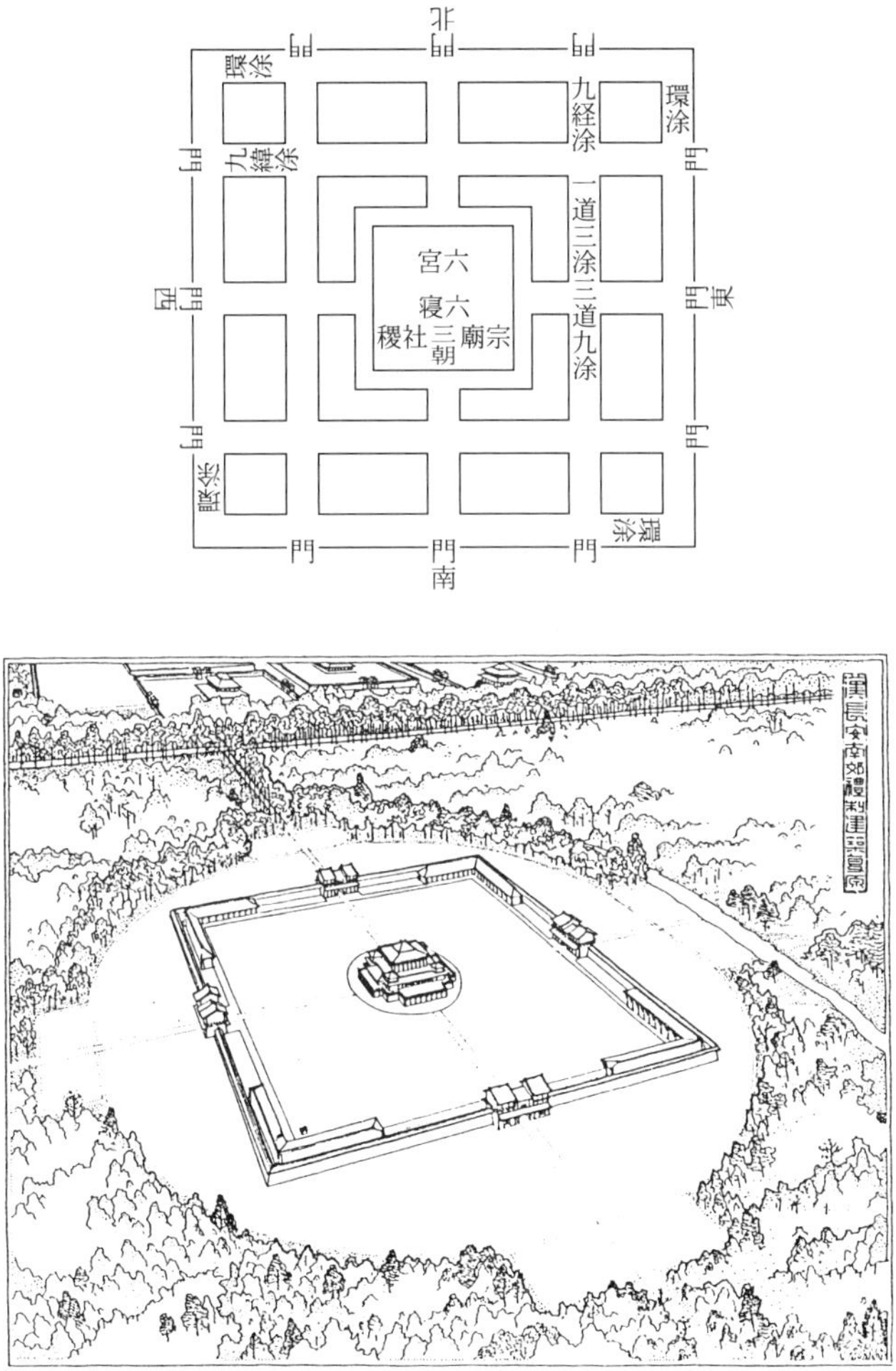

図6　戴震『考工記図』の王城図と王莽明堂図

戴震『考工記図』の王城図は『周礼』「考工記」の考証によるもの。また漢長安城南郊の遺蹟の復元図（『考古』1963年9期から）は、礼制建築物とされ、明堂ではないかといわれている。

及び民が徭役で徴発されて雑役にあたった胥《しょ》・徒があり、これらはいずれも身分的には庶民であり、秦漢以降歴代存在した吏（胥吏）にあたる。要するに、封建的制度にふさわしく、士と庶、あるいは官と吏という厳然たる身分的階級制が貫徹しているのである。

これら各官の官員合計数は、唐の杜佑『通典』の計算では、一命以上の官は、王官である内官は二六四三人、諸侯の官である外官は六万一〇三二人、合計六万三六七五人、また王の各官配属の吏である府史胥徒及び後宮の女性雑役者の合計数は一万五九五〇人であった。従って、王の内官と官府の雑役者は合わせて一万八五九三人となる。また、清の李滋然の計算では、王畿内の官吏合計数は、三十万人から四十万人にもなるという。

この数字と、前漢の全国の官吏合計数一三万〇二八五人（『漢書』の数字）、あるいは唐の内官二六二〇人、地方州県などの外官一万六一八五人、また吏や雑役者の内外全部で三四万九八六三人、合計で三六万八六六八人という数字と比較すれば、いかに大きな官僚体系であるかを理解できよう。要するに、秦漢や隋唐などの大統一国家で、ようやくこの規模に達するのである。

官名・職掌を積み上げて行った果てに、巨大な構築物が出現したという感がある。まさに、底辺から一つ一つ石を積み上げた果てに巨大なピラミッドが出来上がったようなものである。これは、全体として、極めてバランスがよい。中国的バランス感覚である。また、六官相互の均平性も顕著であって、冢宰がトップにあるとはいっても各官相互の上下関係は顕著ではない。

図7 『周礼』の官職と官位の概要

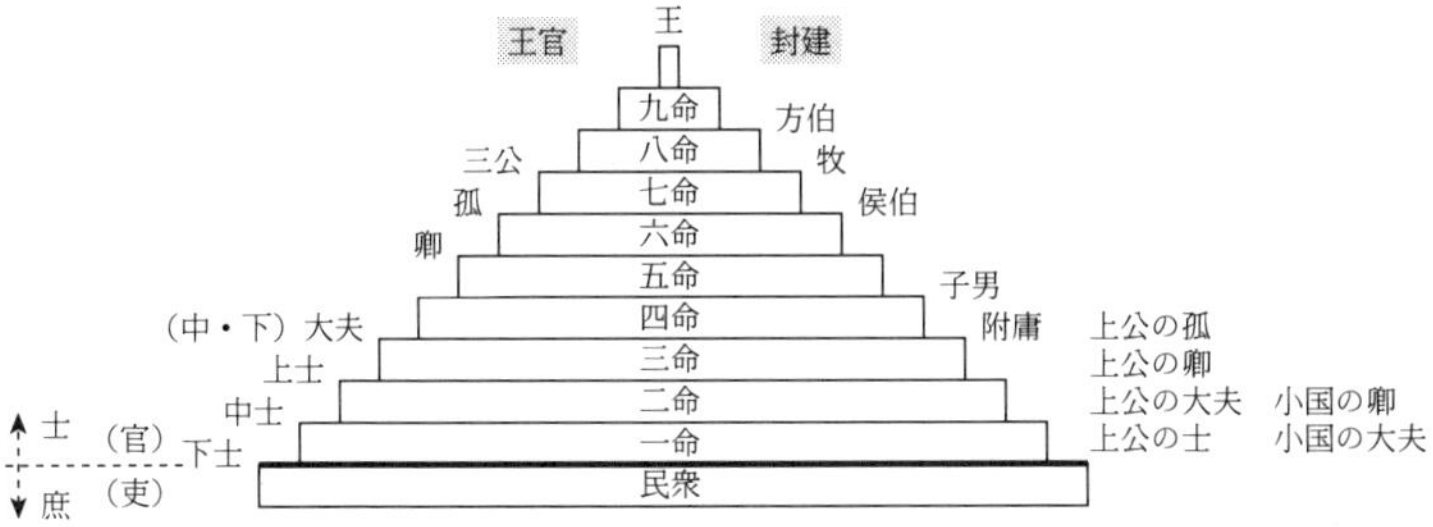

王の三公の名称については『周礼』には見えない。また王の孤の七命は推定。中大夫を五命とすると全体のバランスはとれるが、注釈の多くは中大夫も下大夫も四命とする理解。

『周礼』六官の各官長官と補佐官など

	天官	地官	春官	夏官	秋官	冬官
卿	冢宰（大宰）	大司徒	大宗伯	大司馬	大司寇	（大司空）
中大夫	小宰（２人）	小司徒（２人）	小宗伯（２人）	小司馬（２人）	小司寇（２人）	（小司空）
下大夫	宰夫（４人）	郷師（４人）	肆師（４人）	軍司馬（４人）	士師（４人）	
上士	（８人）	（８人）	（８人）	輿司馬（８人）	郷士（８人）	
中士	（16人）	（16人）	（16人）	行司馬（16人）	（16人）	
下士	（32人）	（32人）	（32人）	（32人）	（32人）	
府	（６人）	（６人）	（６人）	（６人）	（６人）	
史	（12人）	（12人）	（12人）	（16人）	（12人）	
胥	（12人）	（12人）	（12人）	（32人）	（12人）	
徒	（120人）	（120人）	（120人）	（320人）	（120人）	
各官	宮正　以下	郷老 郷大夫　以下	鬱人　以下	司勲　以下	遂士　以下	

六官相互の形式的平等性がきわめて強い。官職体系での「均平」である。若干、夏官の史・胥・徒が多いことが目に付く。また、六官の各官では、職務の重要性に応じて、長が中大夫や下大夫、あるいは上士、中士、下士となる。

なお、多用されている数字の九は陽数で、陰数の六と相対する。しかも、天数は一から九までの奇数、地数は二から十までの偶数で、九は天数の最多で、陽の気が最も強い数である。また十二も、音の十二律に因む聖数である。これら以外の五・八も、天数や音楽に因む聖数である。

『周礼』の政治プラン

果たして、王莽や劉歆が、沸沸たる暗い情熱でこの体系を作り上げたのかどうかはわからないが、そのように考えたくなるような壮大さである。しかし、個々の官職名や職務内容などには先秦の諸書に見られるものもかなりある。

従って、漢代に出現する以前、おそらく戦国時代には、短い篇の形なのか、あるいは個別の職務の形なのかはわからないが、ある程度形成されていたのであろう。しかし、それに全体的整合性を持たせ、官員数まで整理して、最終的に現在の形にまとめたのは、やはり前漢時代後期に下るものと考えている。おびただしい讖緯が作られた時代、それはまさに神秘主義的儒教書籍の編纂に多くのエネルギーが費やされた時代でもある。しかも、浅野裕一氏によれば、儒教徒は素王孔子の地位向上を願い、盛んに皇帝に働きかけていた。孔子に王や侯の称号を追賜させるべく、暗い情熱を注いでいたのである〔浅野裕一『孔子神話』〕。

さて、そのような中で練り上げられた『周礼』の政治プランは、要点だけを述べると、以下のようなものである。

行政法典としては、六官制度による政治の「均」「平」実現を目的とし、その政治の「均」「平」は土地区画から始めなければならない。『周礼』の冒頭に「王が国を建てるときは、方位を明らかにして正し、国（王城）と野（王畿）とを区画し、その上で官職を設け、民に中庸をえさせる」と述べる所以である。その上で、冢宰は六官の職務を総覧し、王を輔佐して国政を「均」「平」にするのである。

従って、王城の位置そのものが問題となる。それは世界の中心である地中（土中）に置かれねばならない。地中洛陽が首都として最も理想的な場所なのである。

こうして、地中に王城が造営され、その中心に王宮が位置すべきであった。それについては、図6を参考にしていただきたい。王城内のプランもかくあるべきであった。

王城郊外に広がる近郊から王畿内においては、方位を正した上で正確な土地区画をし、それによって封建を行い、諸侯の俸禄を定め、また民の耕地を均にし、さらに税役を「均」にする。「均」「平」な封建制も民政も、土地区画なくしてはありえない。要するに、政治の基本が、この土地区画にあったのである。

このようなプランと主張は、『孟子』滕文公上に見える有名な井田制についての、「土地区画が正しくないならば、井田は均にならないし、俸禄も平にはならない」という孟子の主張と重なるものである。それを図示すると**図8**のようになる。

A　孟子の解釈　　　B　後漢の何休の解釈

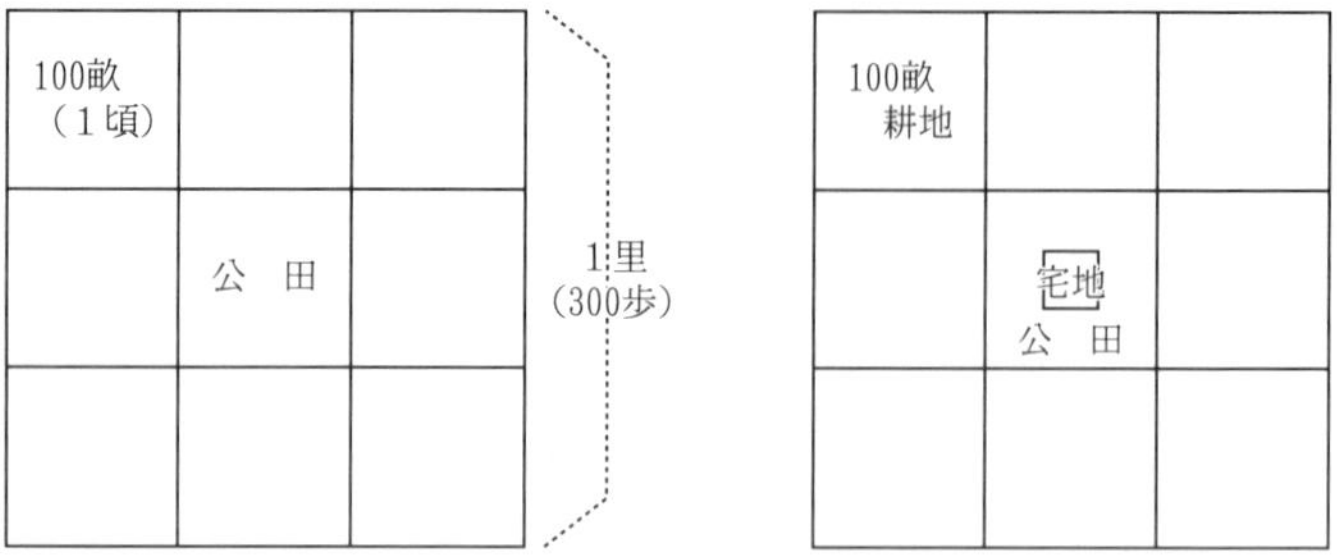

野では、井地の9分の1の土地を支給して8家が真中の公田を耕し、その収穫を税とする助法を採用し、税率は約10分の1である。

各家は100畝の土地を耕し、公田も10畝ずつ耕し、税は10分の1となる。残りの20畝は8家の宅地。1家は2.5畝。

図8　井田制

こうして、理想の土地制度である井田制によって、成年男子一人に百畝の耕地が支給されるものとされ、『周礼』ではさらに、休閑農法を組合わせて、土地の肥瘠に応じて上地五十畝、中地百畝、下地二百畝という休耕用の土地をそれ以外に支給する規定もある。

そして、天下全域も「方形のプラン」によって地域的分割がなされ、それによって地域的「均」「平」が実現され、封建制度全般が支障なく行われる。この十服（九服）は、立体構造にすれば、王城・王宮を最上位に置き、民衆を最底辺に置く、身分的ピラミッド構造ともなる。この世界ピラミッドは、天・地の半ばに達する高さを有し、王宮には宇宙の中心である「天子」たる王が座す正殿がある。

この王は、天地その他の神々の祭祀執行者でもあり、天官の職務にある群臣統御の術である八則には、「祭祀では、その神を馭《ぎょ》す」とあるように、群臣のみならず、天地神などの大神を除いて、群小の神々も地上においては天の代理者である天子の統御の下におかれるべきであった。

このような天との関係と、封建制、身分制度、及び壮大な官僚制度が、政治体制の根幹である。また、その政治制度全般は、かなり形式主義的ではあるが、法による運用を不可欠としている。重沢俊郎氏が、『周礼』の根本精神は、一切が法規に基づいて運営される法治国家であり、儒教的倫理道徳も国家の側から統一されている、と見抜いた〔重沢俊郎「周礼の思想史的考察」〕とおりであった。

さらに、『周礼』においては、後代に大きな影響を与え続けた諸制度が見られる。三歳考課制（天官）、刑法の八辟と肉刑（秋官）、左祖右社制（春官・考工記）、音楽と学校制度（春官）などである。

三歳考課は「三歳考績」ともいい、儒教経典『尚書』にもすでに見えている考え方であり、官吏の勤務評定を三年ごとに行うものである。マックス・ウェーバーは、勤務評定を近代的官僚制の指標の一つに挙げているくらいであり、恣意的な昇進・左遷を避ける制度として重要である。古代中国では早くからこれを実施してきており、秦漢時代は毎年の会計監査（上計）で評価（殿最）していた。これを、三年ごとに行うのである。

八辟は八議ともいわれ、王の一族以下、賢人、有能、有功、高位者などの特別者を刑罰上優遇するものである。これは、漢代では先請（皇帝の判断を仰ぐ）という形で始められており、三国時代の魏以降八議として制度化される。皇族・外戚と高位高官者の優遇が中心となる。

肉刑は、墨（入れ墨）、劓《ぎ》（鼻削ぎ）、宮（生殖器損傷）、刖《げつ》（足きり）、殺（死刑）の五段階の肉体損傷刑である。これは、労役による罪の償いという精神ではなく、見せしめによる刑罰への恐怖心を起こさせる犯罪予防の精神に基づく。事実、中国古代では刖刑者を門番にすることが多かった。それを示す周代の青銅器も存在する（『世界四大文明展　中国文明展』）。

左祖右社は、南面した王からみて左（東）に祖先祭祀のための宗廟を、右（西）に土地と穀物の神である社稷を置くものである。これは、重要な王城内プランとして影響し、後漢の首都洛陽では、東城壁の上東門（三門のうち北側の門）内、北宮の東に、太社が造られ、それは宗廟の右（西）に位置していた。『周礼』のプランどおりではないが、東西に宗廟と社稷を配置することは少なくとも後漢時代には始まったとみてよい。

古代中国において音楽が政治にとって大きな意味を持っていたことは、前述した通りである。これは、特に儒教において強く主張された。『周礼』では、成均《せいきん》の法（成均を学校の名前とする説もある）で音楽を整え、国家的教育を行う。ここから、成均が教育の最高機関の名称ともなった。唐代、則天武后の即位直前に国子監を成均監とした例、及び高麗及び李氏朝鮮の成均館がそれである。

他にも多くのプランが見られるが、ここでは後代、大きな問題とされたり、現実政治や制度に絶えず影響を与えていったものだけをあげた。

『周礼』の「均の理念」

政治プランの中でも、すでに「均」「平」が根幹的理念として提示されていることを述べたが、もう少し踏み込んで見てみよう。

かつて津田左右吉は、『周礼』において「均と書き平と書いたことに深い意味はない」と断じた〔津田左右吉「『周官』の研究」〕。しかし、古代中国の「均・平の理念」の展開を追究し、『周礼』を改めて見直したとき、『周礼』の統治理念を一字で表すものは何かと問われれば、躊躇なく「均」であると答えることができる。「深い」どころではない、重要極まりない意味を有していたのである。

革命家孫文の思想を一言でいえば、「平」に尽きるともいわれる〔野村浩一「辛亥革命の政治文化」〕。孫文の思想と、古代中国の儒教経典『周礼』とは、この点で、二千年以上の時間の開きにも関わらず、やはり瞬時に繋がってしまうのである。このような、古代的思想と、近現代に至る歴代の思想との強い関連性は、中国文化の一つの特色でもある。

さて、『周礼』では、政治理念・政治運営・政治体制・地域分割・身分体制・財政運営・法運用・音楽、これらいずれにおいても理想的状態は「均」「平」でなければならない。だからこそ、政治の根幹をなす所には必ず「均」「平」が使われているのである。

この政治の根幹の「均」「平」の下、財政運営においてはとりわけ「均」「平」が重要とされた。均人・土均という官が置かれ、労役と税の均等化を実現する。この両官の名称は先秦の書籍には見えないものであり、あるいは漢代に『周礼』に統一的整理を加えたときに、「均の理念」をより明確にするために創作されたものであるかもしれない。

財政・土地制度では、土地・水管理・食穀・山林・商業・税役・俸祿支給など、全般にわたって、「均」「平」あるいは「均斉」など、「均の理念」で統一されている。そして、節約・節倹の意味である「節用」と結合した「均節」という言葉も、財政運営の重要タームとして現れている。これは、後代の儒教徒が財政面での主張でよく使う言葉となる。

また、前述のように音楽に使われていたが、さらに『考工記』のような技術面においても、均等でバランスがとれている意味で、「均」「平」が使われる。

これら、『周礼』に現れている「均・平の理念」は、古代中国の歴史、とりわけ前漢時代の歴史の中で生み出されてきたものであった。

塩鉄論議――中国古代の経済論争――

古代中国で、最初に最も鋭い「均の理念」＝「平均の理想」の対立が起こったのは、前漢の昭帝始元六年（紀元前八一年）に行われた塩鉄論議においてであった。この論議の内容は、前漢の宣帝時代の人桓寛によって『塩鉄論』としてまとめられている。

議論の主題は、武帝時代に始められた塩鉄専売・均輸平準などの新財政策の可否であった。批判者は、中央の賢良と地方の文学で、いずれも儒教徒である。批判にさらされたのは、時の御史大夫（副宰相）桑弘羊であった。背後には、幼帝を輔佐していた時の最高実力者（大司馬・大将軍）霍光の、桑弘羊を追い落とそうとする陰謀があった。

この塩鉄論議では、財政のみならず国政全般・思想全般にまでわたった議論が展開され、それが対話体の形で記録された。文学などの批判者は、孔子の「均《ひと》しからざるを患《うれ》える」理念を柱とし、桑弘羊は道家的・法家的な「均の理念」によった。

文学・賢良は言う。封建制によって「百姓は均調する」し、地域的な均等も達成され、人々はその地域の産物に甘んじ、遠方の物資を不必要とするのであり、孔子の言う「均」こそが大事なのだ、と。その流通論と分配論いずれにおいても、封建制・井田制・節用・本農（重農軽商）・身分制こそが根幹であるとする。

これに対して桑弘羊は言う。天下の範囲で物資を「均平」にし、各地の特産物を広く流通させるべきである。そもそも需要があるからこそ物が生産されるのだ。君主は民を「均斉」にするために、財物を独占して経済統制を行うのだ。本農よりも商工こそが国富の増大に寄与するのだ。豪族のような政治を乱す者はあたかも雑草を抜くように除き去って「百姓均平」とし、「斉民」（斉《ひとし》なみの民）とするのである、と。

右の文学・賢良の主張に比べたとき、「有無を均しくし、万物を通ずる」というように、あたかも天下大の水面の中を自由に物資が移動する全国的流通論、段階的身分階層を認めない、天と水面の関係のような君民関係等々、極めて対照的である。そして、需要が生産を生み出すことを喝破し、「農本」よりも「商工」を重要視していることは、儒教徒との決定的な差異点である。これらは、中国史上稀有な思想でもあった。

この桑弘羊の発言の背後には、均輸平準など、自らが制度創設と運営に関わり、全国的な物流と商工による国富増大を実現したし、現にしているという自負心があった。その自負心にも関わらず、政治的には桑弘羊は霍光に敗北し、翌年元鳳元年（紀元前八〇年）九月には謀反者として殺されてしまう。

一方、勝利者である霍光は、政策論争であれほど問題にした塩鉄専売などの諸制度をそのままとした。もはや国家財政はそれなくして運営できなかったからである。要するに、政治的対立者たちを除けば目的は達成されたのである。中国では歴代、権力闘争が政策論争の形をとることが多いが、これもその一例であった。

儒教的ユートピアとしての『周礼』

この塩鉄論議は、この時代の思想に極めて深刻な影響を与えた。今まで政府の政策と制度を批判してきた者が政治的勝利者として官僚になると、批判の対象としてきた諸制度を運用していかねばならなくなる。単なる批判者ではすまされなくなったのである。彼らのもつ儒教的理念と、漢王朝の法家的・テ

表１　前漢の統治理念と儒教理念との対比

事項	儒　　教	前漢の統治理念
政治理念	天命の下、徳治 王道 礼の絶対的優位	法治 漢は覇道と王道をないまぜた覇王道 皇帝は儒教・礼の上に位置
政治体制	官僚制と封建制 王畿内にも王の官を封建し、王畿外は全て封建	官僚制と郡県制 前漢は郡国制を採用したが、王侯という封建階層を弱体化させ、郡県制を貫徹
地域区分	方形のプランによる地域的分割と、各地域ごとの均平	天下一律。天下大での均平
民衆支配と社会	身分社会 庶民は一律的把握 豪族などの支配的階層の存在を是認	全体を斉民として把握 豪族を優越的存在として認めない（武帝）から、妥協的方向（宣帝）へ
土地問題	聖制である井田制が理想 庶民への均等な土地支給（休閑農耕を含む）	規制せず、売買自由 ただし、次第に公田の賜与貸与を
財政・経済	農本・節倹 民と利を争わず（専売などを批判する）	農を重んじながらも商工収入の比重が大きい 均輸平準と専売（国営商業的経営）

＊前漢の統治理念は武帝（在位前141～前87年）・宣帝代（在位前74～前49年）のもの。

クノクラート的政治経済政策という現実との、調和・調停が、思想的にも実現されなくてはならなくなった。

また、社会においては、武帝代に酷吏によって厳しく弾圧されたものの、その後ますます勢力を拡大して確固たる支配階層となっていた豪族は、もはや道家的・法家的水面のような斉民的枠内には入らない存在となっていた。豪族は、その在地での勢力や官僚界での地位の上下に応じて、民衆の上の何段階かの社会階層として処遇すべきものとなり、身分制を当然とする儒教徒はその実現にも邁進した。

儒教的理念と法家的漢王朝の支配

理念とを対比的にあげると、徳と法、王道と覇道、封建制と郡県制、身分制と斉民制、地域的分割の「均」と全国的「均」、となる。儒教徒が、これらの対立的諸理念を全て丸呑みして、孔子の「均」を拠り所としてまとめあげたものが『周礼』なのである。

儒教徒にとっては、絶対的な権威のある孔子の「均」を掲げることで、中身が法家的なものであっても、儒教的正当性は保証される。こうして、儒教は現実の政治を支えている法治的体制をほぼ丸呑みにしてしまい、その上に礼を位置付けることで、ますます絶対的権威を獲得してゆくことになる。

この結果、古代的な諸々の「均の理念」＝「平均の理想」を儒教の立場から集大成した『周礼』では、「均の理念」＝「平均の理想」は次のようなものとなった。

根本的に、政治は儀礼・祭祀なども含めて「均平」であるべきであり、また民衆統治の実際においては斉民的均等化を意図して、財政・経済その他全般においてテクノクラート的「均」が官僚によって操作され、自らを古の封建貴族に擬すことができる豪族などの階層には、身分的「均」を保証し、かつこれら「均の理念」は相互不可分である。

このような経緯からすれば、『周礼』の根本精神である「均の理念」は、前漢代の均輸平準制なくして完成しなかった、と逆説的にいえるであろう。中国思想史においては、歴代の思想家たちにとっては、根源的・原理的思索をめぐらせることも重要であったが、現実の政治への働きかけに最も腐心したのであり、絶えず現実そのものに着目していたことを看過してはならない。

なお、世界史的に見ても、『周礼』のように、古代でこれだけの政治理念・政治プランを有し、単なる行政法典以上の内容を持った書籍はない。このこと自体が極めて重要な中国の政治文化あるいは思想上の特色であると強調できよう。官職を際限なく積み上げていって、王と封建制の下、ピラミッド的「均平」「調和」をもって、壮大なユートピアを築き上げたといってよい。私は、これは「儒教的ユートピア」以外の何物でもないと考えている。

儒教徒にとっては、このような体制がこの世に実現されていることが、聖人周公の時代と同様になることを意味した。ただし、『周礼』の地位は宋代以降動揺し、政治・経済・社会の現実の前にユートピアとしては少し色あせてゆくが。

このような「儒教的ユートピア」と、その根幹思想として盛り込まれていた「均の理念」＝「平均の理想」を見た上で、次に中国的ユートピアのあり方に目を向けてみよう。

トピック2

均輸平準と数学

「均輸」という制度は、武帝代の財政家桑弘羊が元鼎二年（紀元前一一五年）に「均輸」という官署を創設したのに始まり、「平準」も桑弘羊が元封元年（紀元前一一〇年）に全国に均輸官を置き、首都長安に平準官を置いたことに始まった。

「均輸」という官名は、中央では大司農（前漢の国家財政を担当）と水衡都尉（長安の西に広がる上林苑と鋳銭を担当し、帝室財政の一翼を担った）の属官に見られ、また太常（祭祀・儀礼・陵園などを担当）と少府（帝室財政を担当）には均官があった。このうち全国の均輸官の元締めであったのが、大司農の均輸官（長官は令、次官は丞）であり、その他の均輸・均官はそれぞれの官庁の職務範囲内で輸送を主とする役割を果たした。

しかし、この「均輸」という名称は、秦以前に遡る可能性のある「均輸律」という物資運搬の「均平」を策した法律、あるいはそのような制度によって運搬された穀物を収蔵する倉の名称としてあった。この「均輸律」は、輸送の「均平」を実現しようとした法律である。

また「平準」は、大工道具である「準」による水平を意味する「準平」などが、先秦から物価の高低を把握する経済用語ともなっていたことに因む。

中国の現存最古の数学書である『九章算術』は、全九章のうち最後の句股章（ピタゴラスの定理と同じもの）が、三国時代の魏の劉徽の手によって加えられた以外は、前漢時代に基本的な部分は作られていた。その第六章に均輸章があり、各種例題が見られる。

そこでの「均輸」とは、遠近の労働と費用を均等にする意味であり、まさに「均の理念」が財政運営においてテクノクラート的に運用されていたことの反映であった。「均輸」が商業的に運営されていた桑弘羊時代でも、その後の輸送の合理化を主とした時代でも、ともにこのような計算に基づいた合理的運搬法が行われていたのである。

なお、この図版の例題は、四県に割り当てた運搬穀物総量二十五万石と運搬車両一万乗を、各県の道の遠近と、戸数の多少を基準として、一戸あたりの車数と日数を均等にすることで、各県の穀物運搬量と供出車数を計算させるものである。これ以外には、賃金まで含めた計算例もあり、一戸あたりの出銭数が均等化することで各県の負担数量を計算させている。

なお計算には、算木が用いられた。算木による数字表記と計算例をあげておく。官吏たちは、このような「均平」を実現する計算能力を求められた。なお、桑弘羊は心計（暗算）の名人であった。

古代の算木による数表記	1	2	3	4	5	6	7	8	9	10
	𝍠	𝍡	𝍢	𝍬	×	𝍮	𝍯	𝍰	文	⊤

計算数	1	2	3	4	5	6	7	8	9
縦式（一位・百位・…）	𝍠	𝍡	𝍢	𝍣	𝍤	𝍥	𝍦	𝍧	𝍨
横式（十位・千位・…）	𝍩	𝍪	𝍫	𝍬	𝍭	𝍮	𝍯	𝍰	𝍱

計算例　34×７＝238　答えは④の中位の数字となる。

①上位と下位の位をそろえる

上位		𝍫	𝍣
中位			
下位			𝍦

②上位の最高位に下位の一位を合わせる

上位	𝍫	𝍣
中位		
下位	𝍦	

③上位の十位を下位の一位に掛け中位に置く

上位		𝍫	𝍣
中位	𝍡	𝍩	
下位		𝍦	

④上位の一位を下位の一位に掛け中位に足して置く

上位		𝍫	𝍣
中位	𝍡	𝍫	𝍧
下位		𝍦	

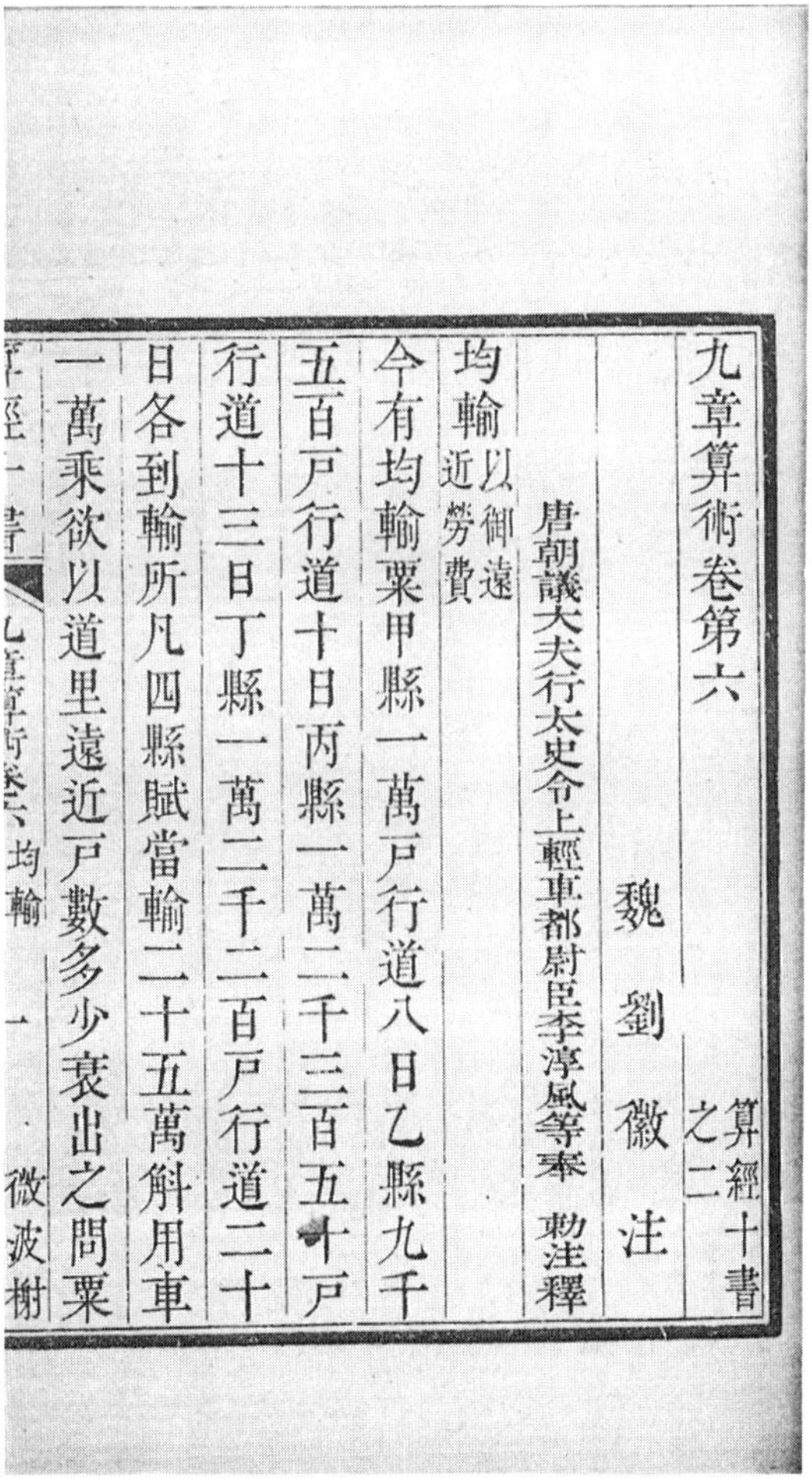

九章算術卷第六　　算經十書之二

魏　劉徽　注

唐朝議大夫行太史令上輕車都尉臣李淳風等奉　勅注釋

均輸以御遠近勞費

今有均輸粟甲縣一萬戶行道八日乙縣九千五百戶行道十日丙縣一萬二千三百五十戶行道十三日丁縣一萬二千二百戶行道二十日各到輸所凡四縣賦當輸二十五萬斛用車一萬乘欲以道里遠近戶數多少衰出之問粟

算經十書　九章算術卷六　均輸　一　微波榭

『九章算術』(四部叢刊本)

第三章　中国のユートピア――「太平」「大同」――

中国のユートピアとは？

理想郷を表す「ユートピア」という言葉は、一五一六年に出版されたトマス・モアの『ユートピア』に基づく。二百マイルほどの幅のあるユートピア島は、ほぼ同じような規模の多くの都市で構成されていたが、その中でもアローモート市は中心都市で、全体が四角形をしており、モアはそこで生活し、理想的社会を見聞したという。

これは勿論空想であるが、極めて理想的な社会・生活が展開されていたユートピア島は、以後、不平等・苦痛・災害等々人間社会の現実に対比される空想的理想郷の代名詞となった。パンドラの箱を持ち出すまでもなく、古来、人間は現実社会の苦しみを、希望と多くの空想によって癒し、また現実を変えようとしてきた。

このことは、中国においても同様であった。

東西のユートピアを論じた穂積文雄氏は、東については、中国の老子と王莽、及び日本の吉田兼好の例をあげている［穂積文雄『ユートピア　西と東』］。しかし、これだけでは中国のユートピア論としては少しさびしい。ただ、王莽については、『周礼』的ユートピア実現に意欲を燃やした点からすれば、やや正鵠を射た感がある。

中国では、極めて多種多様なユートピアが存在した。その中でも有名なのは、清末の康有為（一八五八〜一九二七年）の『大同書』に示された大同太平世である。この「大同」という言葉は、儒教の経典『礼記』礼運篇中に見える。そして康有為以降、「大同」が中国のユートピアを示す言葉として広く受け入れられていったという経緯がある。

しかし、康有為によって礼運篇の「大同」が強調される以前、中国前近代において理想的状態を示す言葉は「太平」であった。どのようにすれば「太平」が実現するかについて、思想家たちや歴代の為政者たちは腐心したのである。その一端については第一章でも述べたが、各思想によって差異はあるものの、「太平」とはあらゆる面で「均平」と「調和」が実現した状態を示す言葉であった。これこそまさにユートピアであるといってよい。

康有為も、「大同」とともにこの伝統的な「太平」という言葉を使用したが、西欧文明の怒濤のような流入によって、進化論・科学知識・政治体制・政治思想等々、旧来の「太平」的ユートピアでは対応しきれない急激な変化が起こっていた中で、新たな言葉でユートピアを提示する必要を感じたのであろう。

従って、中国的ユートピア論についても、「大同」ではなく、「太平」という「均の理念」＝「平均の理想」の枠内で考えないと、こぼれ落ちるものがあまりに多くなるのである。本書では、「太平」こそが中国的ユートピアであるという立場に立つ。その中に当然「大同」も含まれるのである。

『大同書』――康有為のユートピア――

清末の変法運動の主役は、康有為であったとされる。彼は『孔子改制考』において孔子を儒教の教祖とし、また公羊学を中心とした今文学を強く主張した。彼の著作には「升平」「太平」という言葉が多出し、さらに『大同書』を著し、また横浜滞在中には、「大同学校」の門額も書いており、「大同」というユートピアを掲げて様々な運動を展開し、議論のためには牽強付会も辞さない、また宗教的な熱情にあふれた人物であった。

政治プラン実現のための具体的方策として、立憲君主制を国是とし、科挙改革、官僚のリストラなどを提言し、光緒帝の信任を得た。光緒帝はその提言をも参考にして光緒二十四年（一八九八年）戊戌の年に戊戌変法を行った。これは、わずか百日で西太后に潰されたため、中国では「百日維新」ともいう。

しかし、最近の研究によれば、この変法での康有為の役割を大きくみるべきではないし、康有為は中国から流亡してから有名になり、自ら神話化したり、神話化されたりしたことがわかっている。また、光緒帝への上奏文である『戊戌奏稿』の大部分も、康有為自ら後に補ったものである。

そして、光緒二十四年四月（西暦六月）の変法開始以降、康有為にはほとんど役割が与えられなかった。その後八月（同九月）になって、黄海に入ったイギリス艦隊の意図を誤解した北京政府が西太后に急を告げ、政変が発生し変法は終ったのである。康有為が乗船していたイギリス船の人々は、彼が非現実的人間であることを見抜いていたという〔鄺兆江「戊戌政変前後的康有為」〕。

康有為は、孔子こそが儒教のみならず中華文明の創始者であることを主張し、孔子以前の聖人たちを葬り去ろうとした。『周礼』・『左氏伝』などの古文学の経典は、劉歆の偽作である、そして、以後の儒教徒たちは孔子が制作した経典を奪って、周公の制作としたが、それは全て誤りである、孔子こそが制定者なのである、と〔浅野裕一『孔子神話』〕。

康有為より前の人である章学誠（一七三八〜一八〇一年）は、先王の典章の集大成者は周公だとした。しかし、康有為の主張によれば、孔子が夢にまで見た聖人周公も、その制定に関わるといわれる『周礼』も、全て葬り去られねばならない。

清朝は首都北京に、先師孔子・元聖周公・関聖帝君の三廟を置き、重要視した。文神としての、しかし「先師」にとどまる孔子、国制制定者で「聖人」である周公、武神として「聖」でもあった関羽の三廟である。なお、関帝は、釈迦・観音とともに毎朝祭られる神であった〔山田「関帝廟に集まる地域」〕。康有為の主張は、このような清朝の祭祀体系とも真っ向からぶつかる内容を持っていたといってよい。

漢代以降、儒教的ユートピアは、ピラミッド構造的「均平」「調和」が実現された『周礼』的世界であり続けた（宋代以降少し色あせるが）。しかし、周公と『周礼』をともに否定してしまった以上、それに代るユートピアが必要であった。改めて『礼記』礼運篇の中に見えるユートピア理念「大同」が、彼の手でクローズアップされたのである。

かくして、国境・身分・人種・男女の区別など、あらゆる境界・差別を撤廃した世界を構築し、「天の公理」に基づいた完全な「自由平等」を「大公政府」によって実現するのだという主張をもつ『大同書』が、康有為によって書かれたのである。

その完成に際して彼が作った詞には、境界・差別を撤廃後、「太平の春」が至り、全ての人が浄土に生れ、「仏身」を現す、などとある。あらゆる境界・差別・苦しみを除き去った果てに、仏学と神仙の学を学び行って、他の天界に自由に往来する天遊の学が起こるとした。儒・仏・道三教の融合的傾向は、すでに宋代以降現れてきていたが、康有為はそれに西欧の進化論や科学知識をも加えたのである。

『大同書』では、「大同三世」説と称される大同太平論が展開される。「拠乱世」―「升平世」(小康)―「太平世」(大同)という各段階を経て進むものとされ、この最後の段階でユートピアたる「太平世」に至るのである。これは、礼運篇に見られた「大同」から衰退して「小康」に至るという考え方を逆転し、進化論をも踏まえて、さらに後述する後漢の何休の「衰乱」―「升平」―「太平」という公羊三世説を結合してできたものである。

そこでのユートピア論は極めて多方面に渡るが、特色あるものだけを若干あげておくと次のような内容を持っていた。また、「拠乱世」「升平世」「太平世」の段階ごとの差異を康有為が表示したものを、

表2　『大同書』の三段階（大同合国三世表・人類進化表などから）

	拠乱世	升平世	太平世
国制	各国分立・連合	公政府。各国を統制。 公政府に議長あるも統領なし	大公政府。国なし。公議による運営。行政官なく、議員あるのみ
法律	各国ごと	各国法律の上に公政府の法律	全世界が公法律の下に
土地	各国に分割。海上は無政府	国の土地から分割して公政府の土地とし、海上は公政府のもの	全陸海が公地
民と国家関係	各国に服属	各国あるも、統一公政府にも帰属	世界公民
交通・通信	郵便・電話・鉄道などは各国	公政府が各国のものを統制し、一律にする	全て公政府に帰属し、全世界に行き渡り、一切の制約なし
貨幣・銀行	各国ごと	貨幣の統一の方向。銀行の世界的通行の方向	全世界統一。公政府の発行。 銀行も公政府に帰す
軍事	各国ごと	軍備増強の禁止	各国の軍備をやめ、公政府の陸・海の警察とする
社会階級	級多し。帝王・君長・貴族・官爵あり	級少なし。帝王君長なく、民主統領。華族があっても斉民と同じ。爵はなく官はある	斉同にして級なし。民挙の議員による行政。貴賤はなく全て平等。官ではなく司事（職務）
女子の地位	夫の私属。平人たりえない。 一夫多妻。一切男子に従う	夫の私属ではないが、公民官吏となりえず。 一夫一妻。夫を主とし妻は従う	一切男子と異ならない。男女平等。情好で相合し、一定の期限の和約を立て、夫婦とはいわない
家制度	父母・子孫を私する弊害。 家々の教化・養生・財産などが異なるために生じている家の害	（今の欧米は升平に近い。なぜなら父母よりも夫婦を重んじて、家の害をある程度除いているから）	家制度を完全に除き、養育・教育から養老・収葬まで公によって行う
人種	黄・白・棕（褐色）・黒あり。各色は婚姻を通じないし、奴婢（奴隷）として売買することあり	次第に融合して黄・白が多くなり、婚姻を通ずる。奴婢は放免される	諸種合一して全て平等、婚姻を通ずる。体格も合一。身長が高く、皆美しい

ピックアップして表2に掲げておく。

境界・階級・差別をなくした世界では、大公政府の下、全地球的規模で地上の山・砂漠をも平坦化して、耕地を作り、都市化を実現する。完全な男女の「平等」が実現され、一定期間の結婚が全くの自由意志によってなされ、女性を制約する家も存在しない。出産から死亡まで、幼児扶養・教育・仕事・病気・養老、いずれも「天下を公となす」基本精神に基づいて、「公政府」によって公的に行われ、私宅さえもなく旅舎などの「公所」に住む。また「大同」においては、行室（空想的な移動住居）・飛屋（空中移動住居）・飛船などでどこでも自由に往来できる。

この大同世界においては、「大公政府」は民部・農部以下鉄道・郵便・電信などの各種産業や文化業務を包括する二十部と、会議院など四院によって、上記「公」務を遂行する。また衣食住全て足り、「刑措」（法があっても、犯罪者も刑罰の適用もない）となる。しかし、農工商の職務は必要であり、それを遂行するために、役所を設け、そこに工師・技師などを置き、学士がその任にあたり、その下には府史・胥徒がある。

「大同」の世では、動物を殺傷することは禁じられているから、植物からとった白い液体だけを飲む。それで飲食は全て足りる。それは電話での注文ないしテーブルの下のボタンを押すと、機械が運んでくる。

公教育を受けたからには、人は最低四十歳程度までは、それぞれに応じた仕事をしなければならない。

その後では、神仙の学に励んでもよい。人々は男女ともに毛髪・体毛を全て除き去って、完全な清潔を成就し、また妙薬によってだれもが今の美人よりもはるかに美しくなる。こうして仏学・仙学を得た者は、天遊の学を修めることになるのである。

これが、「大同太平世」である。完全な男女平等の実現の障害となる家制度の否定、世界規模での公政府による公務、現今の体毛除去のエステ的発想等々、極めてユニークである。

しかし、公政府は巨大な官僚機構を構成することなくして、この公務を遂行できない。彼は激しく『周礼』を攻撃し、否定した。しかし、中国社会を古代から覆い、がんじがらめに規制してきた官僚制を完全には否定できなかったし、むしろ『周礼』に示されたような体制を構想せざるを得なかった。しかも、その役職者・勤務者に対しては、『周礼』に使われていた「府史」「胥徒」という言葉も使ったのである。これは一つのアイロニーといえよう。

またこの公政府は、全地球的に平坦化され飛船・飛屋が飛び交う中では、あたかも天空の巨大なピラミッドの感がする。人は生誕以降公政府によって生育・教育される。それが終ると、人それぞれに応じて、農工商に従事したり、公政府の職務を果たす。そこには区別も差別も無いはずである。しかし、天空のピラミッドに入って公務を遂行できるのは、やはりエリートではなかったか。

そして、この最終的理想状態は、まさにパラダイスたる神仙世界である。福・祿・寿という中国の人々が望んでやまないものが、この「大同」では神仙化することで実現されている。道教では、天国・

極楽を表す「洞天」でも、神々・神仙の序列があり、官僚制的であった。『大同書』は、そのユニークなユートピア論にも拘わらず、やはり中国伝統の官僚制を否定できなかった。このこともやはり真実なのである。

刑措・福祿寿・神仙、あらゆる面での「均平」「平等」など、ここには中国的な諸々の理想が凝縮されている。そしてその果てに、社会を支える根幹であり続けた家制度まで否定した。この点、確かに、康有為のユートピアには、中国の現実を突き抜けた側面があるといってよい。

古来、狂信的宗教的熱情が、あまたの宗教を創始し、ユートピアを提示してきた。しばしば「狂」と称された康有為は孔子教の主唱者として、十分その資格があるといえよう。それにしても、我々は、このようなユニークな内容を持つ『大同書』に大きなヒントを与えた『礼記』礼運篇の「大同」そのものを見ておく必要があろう。二十世紀初頭から、二千年以上前に立ちかえりたい。

「大同」と「小康」

『礼記』礼運篇は、礼とは天地・鬼神を本とし、それらに依拠した人間にとって欠くべからざるものであるとの基本的立場に立つ。それ故に礼の変遷を問題として、政治・社会において礼がいかに重要であるかを、縷々述べている。

礼運篇冒頭の孔子の言中に、「大同」と「小康」についての説明がなされている。以下少し長くなるが、原文の用語を残した形の訳を掲げておきたい。

大道が行われるや、（家ではなく）天下を公と為し、賢人と有能者を選び（王朝・諸侯の後継者とした）、（こうして）信を講《かた》り、親睦を脩《おさ》めた。だから、人は独り自分の親だけを親とせず、また独り自分の子だけを子としなかった。（家・父子など私して、自分の家や親あるいは子だけ考えるということがないから、天下全てにおいて、）老人は終わる所があり、壮年は仕事があり、幼年は成長できたし、矜寡《かんか》（つれあいをなくした男・女）・孤独（孤児と子のない老人）・廃疾（不治の病者）などは、皆養われた。男は分（職務・仕事）があり、女は嫁ぐことができた。（天下が財物を共有しているので）貨が地に棄てられるようなことは悪《にく》み、（多い分については）必ずしも個人の所蔵としなかった。力（仕事）は（一人だけ労力を惜しんで）自分の身から出ないことを悪み、その仕事も必ずしも自分だけのためにしない。この故に、策謀は閉じて興らず、盗窃・乱賊も起こらない。だから、それぞれの住宅では外戸しても（外側に風雨を避けるための扉をつけても）、閉じることがなかった。これを「大同」というのだ。今大道はすでに隠れ、天下を家とし、各々はその親だけを親とし、その子だけを子としている。貨も力も己のためにだけし、大人（諸侯）の身分は世及（父子・兄弟の継承）してそれを礼とし、城郭溝池を（めぐらして防御の）固めとした。礼儀をもって綱紀となし、君臣を正し、父子を篤《あつ》くし、兄弟を睦《むつま》じくし、夫婦を和《やわら》げ、制度を設け、田里（耕地と居住区）を立て、勇・知を賢《たっと》び、功をもって己のためにする。だから、謀略は起こり、兵も起こった。(夏の)禹、(殷の)湯、(周の)文王・武王・成王・周公は、礼を用いて政治を行い、みな選《すぐ》れていた。この六君子は、いずれも礼を慎み、その義を著《あらわ》し、その信を考《な》し、有罪を著《あき》らかにし、仁に刑《のっと》り、譲《ゆずる》を講《こう》じ、そうして民に常(常に順守すべきもの)あるを示した。もし、礼を用いない者があれば、君主も罪ありとして退け、衆人はそれを禍悪《かあく》とした。これを「小康」というのだ。

この「大同」の「同」について、『周礼』『礼記』『儀礼《ぎらい》』の三礼《さんらい》に注をつけた鄭玄は、「同とは、和であり、平である」と説明している。これによれば、「大同」は「大和」「大平(太平)」と同じ意味なのである。これは、大同も基本的に中国的太平の理想の枠内に入ることを意味する。

「小康」については、夏殷周のいわゆる三代の王者・聖人の時代に、礼によってよく治まり、礼を順守しない者は君主でも地位を追われたことを述べる。これは、殷の湯王の孫の帝太甲が暴虐不明のため、伊尹に一時地位を追われた例を踏まえている。また、これによれば、小康以前の大同時代とは、三代以前の堯と舜の時代をさすことになる。

そこでは、私的関係が昇華されて「公」の中に包摂され、生育・養老などは全て調和的に行われ、政治問題も治安問題もないし、人は必要量だけを食し、必要なものだけをとった。従って、この大同世界では、礼による人間社会の統制は必要がないのである。

後漢の王充『論衡』感虚篇に、有名な撃壌歌《げきじょうか》の話が見えている。堯のとき、天下は大和し、百姓(民衆)は無事であった。五十歳の民が、道で撃壌(遊戯名。あるいは土をうって拍子を取ること)していた。

それを見た人が「なんと堯の徳が大きいことか」と嘆息した。しかし、撃壌者は「おれは、お日さまとともに起き、また寝ている。井戸を掘って水を飲み、田を耕して食っている。堯の力なんかこれっぽちもない」といったという。民は堯の偉大な徳化を全く知らず、その生活に安んじていたことを述べたものである。

まさに、「大同」そのものである。しかも『論衡』では「大和」とも表現している。礼運篇の「大同」と、この『論衡』に記録された「堯世」とは同じ内容を伝えたものとみてよいのではなかろうか。聖天子の下、まさに社会の中核として働くべき五十歳の者までもが、安穏として遊びに興ずることができる。これこそが、「大同」なのである。

礼運篇は、礼の重要性を強調するものであり、その全体のトーンからいって、この冒頭に配置されている「礼を必要としない社会」である「大同」の存在には、違和感を持たざるを得ない。また、「大道」という用語も、聖天子の下にあって水平のごとき民の存在も、いずれも老荘の顕著な影響を示している。

しかし、『老子』の強い影響にも拘わらず、時代を堯・舜時代に設定し、「大同」という独自の用語を用いたことに、儒教的ユートピアの独自性をみるべきであろう。なお、この篇については、孔子の弟子である子游《しゆう》の学派の手になるものではないかなどともいわれている。

礼尊重の三代以前はどうであったのか、と問われた儒教徒が、堯・舜時代には礼があったが、それは表に現れることがなく、天子の徳に教化された臣民は自然に礼に従っていたのだ、と答え、このような

表3　大同と小康の比較

事項	大同	小康
大道の有無	有	隠れる
礼の有無と役割	隠れる（聖天子の教化による自然の礼）	有。社会全般を規制し、君主も従うべきもので、従わない君主は放逐されることも。 礼に基づいた儀礼・諸制度
想定される時代	堯・舜	三代すなわち夏（禹）・殷（湯）・周（文王・武王・成王・周公）
君主の有無	有。聖天子	有。聖天子と聖人(周公)
君主の地位継承原則	天下を公と為す	天下を家と為す
君主の資格	賢者・能者	父子世襲と兄弟継承を礼とする
家族関係	直接の親子・親族関係だけではなく、社会全体的親子・親族関係(博愛的)	直接の親子・親族関係だけ
労働・生産と財貨の分配	社会全体的生産。各自がその力を尽くし、必要量の生産	（権力・能力による）生産・獲得
	全体的分配	それに応じた分配。功績の認定
所有関係	公的所有	私的・家的所有
男女・仕事	男は分あり、壮年には必ず仕事がある。女子は嫁ぐ所ある（女子は妻・母となる道）	家・父子・夫婦関係に応じた関係と、自己の能力に応じた仕事・職務
社会生活		耕地と居住区の区画
	天下によって公的に養育・養老・福祉がなされる	家・親族による養育など（福祉的なものは国による？）
	盗賊・乱賊なし 外戸を閉じない	有。防御のための城郭溝池 閉じる
兵と謀略	不必要で起こらず	起こる

文として表現されたものであろうか。

康有為はこの大同説を根拠とし、「天下を公と為し」、「家」としないことを力説して、上述のような「大同太平世」を描いた。礼運篇では、康有為の主張のように、絶対的自由・平等が打ち出されていたわけではないし、聖天子の存在を当然の前提としていた。しかし、二十世紀初頭の家制度を否定し、男女の差別を完全に撤廃するなどの康有為の主張には、世界史的動向と、清末という時代状況が反映されているのである。

ここでは、礼運篇の大同が、常に堯・舜時代を理想とし、以後の時代は悪化したとする下降史観に立つ儒教が提示した一つのユートピアであることを、確認しておくだけにとどめたい。そして、この大同にも濃厚な影響を与えているとみられる老荘思想の「太平」の理念を、次にみてみよう。

老荘思想のユートピア

『老子』は道篇と徳篇からなるが、これが古代では逆の徳篇・道篇の順序であったことが、湖南省長沙市馬王堆第三号墓帛書『老子』甲本・乙本の存在によって明らかとなった。その道篇に「大象を執《と》りて、天下に往《ゆ》く、往きて害とせず、安平大なり」とある。道を執って天下に行き、万物に害あることなく、「安平大」であると、聖人によるその統治を述べる。これは天下が水面・水平のように「安平」であることを示している。

またその徳篇に見える有名な小国寡民のユートピアは、伝来の『老子』では徳篇の第八十章にあるのとは異なって、甲本・乙本では第三十章に位置する。ここでは、主として甲本・乙本に従って、訳を掲げるが、その直前には「聖人は民に喜んで推され、厭《いと》われることはなく、そのため天下は誰も聖人と争うことができない」という文が位置し、その後に聖人が治める理想的小国寡民状態が述べられている。

（そこでは）国は小さく民は少ない。たとえ十人・百人に相当するような器（能力）の持ち主がいても用いない。民には死を重んじて遠くへ徙《うつ》らせないようにする。たとえ車や周（舟）があっても、それに乗ることがない。たとえ甲冑武器があっても、それを陳《つら》ねることがない。民には、（かの神農氏時代に縄を結んで情報を伝達したように）縄を結ばせてそれを用い、その食を甘しとさせ、その服を美しいとさせ、その住居に安じさせ、その風俗を楽しみとさせる。隣国が互いに望みみることができ、鶏や犬の声が互いに聞こえ（るくらい近く）ても、民は老死に至るまで、隣国とは互いに往来することはない。

まさに、天下範囲での安平の下、絶対的平等社会が小国寡民として理想化されている。そこでは能力者も用いられることがない。極めて小さくて互いに近接した国々、これらは階級が全くない村落社会とみてもよい。これも、天下全体に対する聖人の「無為にして為さざることのない」君臨の結果である。天・天子と水平のごとき民、水面のイメージそのままである。

さらに徳篇では、「天の道は、余り有る者を損じて、不足している者を補う。人の道はそうではない。

不足している者を損じて、余り有る者に奉じている」（第七十七章）とあり、現実社会で見られる不足者から富者への富の移動は人の道であり、天の道は有余者から取って不足者に与えるものだともいう。ここでも水平のごとき社会が理想として提示されているとみてよい。

そして第一章で述べたように（二二頁）、社会福祉的政策面では、法家の韓非子の主張とは異なった、ピラミッド型の「均平」を構想し、その範囲での社会福祉政策を是認する儒教と、この第七十七章の主張とは近づくのである。

次に『荘子』ではどうであろうか。

すでに第一章で（八頁）、『荘子』外篇・天道では、人知を用いず全てを天に帰す状態が「太平」であり、それこそが「治」（よい政治・支配）の極みとされていたことを述べた。内篇・逍遙遊には、「堯が天下の民を治めて、海内の政治を平にした」とあって、儒家の「大同」と同様に堯の時代に「太平」が実現したことを述べている。

また、外篇の天地には、赤張満稽の話として、「至徳の世」では、上にいる者は梢の枝のようなもので、高い所にいるだけで何もしない、また民も野の鹿のように、何らの拘束もなく自然な生活をし、義・仁・忠・信ということを悟ることなく、自然にそれが実現されていた、という。しかも、この「至徳の世」のことは、天子も一切の跡を残さなかったからそれについての詳しい伝えはない、ともいう。

この満稽の話によれば、堯・舜の「天下均治」・「太平」を突き抜けて、さらにその前には理想的な

「至徳の世」があったという。ただし、何も伝えられていないが。

これでは立証不可能である。しかし、いわばこうしたユートピア提示合戦とでもいうべき思想状況が、戦国時代から秦漢時代にあったことだけは、理解できよう。

「あなたのいう世界の根源や天地・人倫・政治・富国等々、それらの考えと提案はよくわかった。それで、結局どうなるのか？」と問われたとき、回答を用意できない思想は敗北する。逍遙遊冒頭に見える有名な数千里の大きさの鵬は、九万里の高みを天翔ける自由さをもっている。それにふさわしい「至徳の世」の提示といえようか。

『荘子』学派も、結局は、「大同」と同様、堯の時代を「太平」としていたにしても、「無為にして為す」のは天であり、天に従う政治こそが「太平」であるとして独自性を示したのである。そして、そこに『老子』と同じ精神が見られることになろう。

なお、やはり第一章で述べたように（九頁）、『呂氏春秋』仲夏紀・大楽にも「太平」が見え、しかもそこでは「公」が強調されている。「公」であれば天下は「太平」となるのである。次に再度引用する。

天下太平、万物安寧にして、人々は皆その上（王者）に教化される。……音楽が成り立つのも平による。その平は公から出、公は道から出る。また人々の欣喜《きんき》も平たることにあり、その平は結局、道が生み出したものだ。この根源たる道は、形に描くことも名づけることもできないが、強いて名づけて太一とするのである。

「太一」「道」を根源とする老荘的思想が根幹にあるが、「公」を強調している。そこに、先後関係はわからないが、「大同」の「天下為公」と一定の関連があるといってよい。そして、中国における公私観念の展開という問題にも、この「均の理念」「太平」が結びつくことを示している。

このように、老荘的「太平」・ユートピアは、各思想のユートピア理念の骨格形成に極めて大きな役割を果たしたことが分かるであろう。またこれによって、同時に深刻な各思想の相互影響の状況も理解できるであろう。

『周礼』的ユートピアへの展開

『荘子』に見られる「至徳」という言葉は、漢初の陸賈も用いている。彼は儒教徒であり、有名な話であるが、漢の高祖劉邦に対して、「馬上で天下を得ても、どうして馬上で天下を治めることができようか」と諫め、『新語』を著して劉邦にそれを進めた人物である。

その『新語』には、無為篇・至徳篇という篇名があり、そこには、「道は無為よりも大きなものはなく、行いは勤敬よりも重要なものはない」とある。道家を主として法家を取り入れた黄老思想が盛んであった時代にふさわしく、道家の「無為」による「大治」すなわち「太平」を理想としつつも、礼を根本とする儒教にふさわしく「勤敬」を強調している。礼に従い、勤《つと》め敬《つつし》まねばならないのである。彼の主張を以下に列挙してみよう。

舜は「大治」を「無為」によって実現した。そして、周公は礼楽・祭祀を行い、軍隊を設けず、刑と法は実施することがなかったが、やはり四海の内のみならず、はるか遠方の外国からも来朝した。これは「無為」のように見えても、為していることがあるからである。

そのような、表面は「無為」、内実は「有為」、という「至徳の世」とは次のようなものである。「徳治」を基本とし、君子は政治を行っても、安然・寂然として何もしないかのようであり、官府があっても吏がいないかのようである。朝廷の官吏は君に忠であり、家にある者は親に孝である。そこで、辟雍（天子の大学）・庠序（地方の学校）をつくり、教育した。その結果、賢愚・長幼・上下などの役割区分・身分が明確化し、社会は極めて安定する。

これは儒教の掲げる「太平」そのものである。しかし、「大同」ではなく、「小康」に「無為」が加えられた「太平」とでも言うことができようか。

この陸賈『新語』では、結局、儒教的制度が「太平」の要であり、表面は「無為」でも内実は有為でなければならないのである。このような周公を理想とし、官僚支配と社会階層の存在を当然の前提とし、さらに制度充実によって「太平」を実現する方向をとれば、周公・官僚制・諸制度・社会階層を一体的なものとして理念化した『周礼』へと、展開せざるを得ないことがよく分かるであろう。

かくして、儒教は道家的水平的「太平」から決定的に離れて、ピラミッド型の社会構造をもつ「太平」への道をたどることになる。『礼記』礼運篇の「大同」は、『周礼』的ユートピアの前には、儒教徒のユートピアとしては大きく後退せざるを得ない。

こうして、「大同」「小康」論は『礼記』にある文として後代引用されることはあっても、思想的には積極的な役割は果たさなかった。それを二千数百年後に再び前面に出し、仏・道・西欧科学思想を混融させて作り出されたものが、康有為の『大同書』のユートピアだったのである。

しかも、『周礼』的ユートピアが完成していった時代は、秦漢帝国の成立によって、天下的なレベルで官僚制が社会全体に貫徹する状態の出現していた時代でもあった。また、漢は郡国体制を採用したが、その本質は、全面的郡県制の基礎の上に特定の郡県に王国や侯国を置くというような、郡県制を主として封建制を加味したものであった。

そして、漢初には強力な権限を有していた王侯は、呉楚七国の乱（紀元前一五四年）以降、その権限を大きく剝奪されていった。このような経緯によって、前漢時代中期以降、形は郡国制であっても、中身は完全な郡県制に変っていったのである。

『周礼』では、封建制を前提としつつも、王が強力に天下的支配を実現しようとしているが、現実社会においてもまさにそのような状況になったのである。すなわち、現実と『周礼』の構想とは合致したといえよう。

この間、漢初に優勢であった黄老思想は、武帝時代、朝廷において儒教に敗北した。そして、儒教にとって、残る強力な対抗勢力は桑弘羊に代表される法家的思想とテクノクラート的統治理念とによる漢王朝の支配理念を背景にした官僚層であった。それに対する戦いが、前章で述べた塩鉄論議であったのである。そして、この論議が、逆に儒教が漢の支配理念を取り入れる決定的契機になり、『周礼』の完成に大きく影響したのである。こうして、『周礼』によって儒教的ユートピアが壮大な規模で提示されたのであった。

始皇帝と武帝――太平希求の様相――

秦王政は、その二十六年（紀元前二二一年）に全中国を統一し、始皇帝と称した。旧来秦王国で使用していた度量衡を全国的に施行したり、民間の武器を没収するといった様々な統一政策を実施し、強大な七国があい争った戦国時代を大きく転換しようとしたのである。

彼は、いわば全中国を水平な水面のように、一律に統治しようとした。その結果、従来、数百里の移動で間に合ったものが、数千里の移動を余儀なくされた民衆も多かった。北方の匈奴から守るための長城地帯の防衛線も、辺郡（辺境に置かれた郡）の民だけが守るのではなく、いわば全中国の人々の任務となったのである。また都の咸陽（現陝西省咸陽市）への税物などの運搬の労役も大きかった。

まさに、統一によって一挙に移動範囲が拡大したのである。一方、都から赴任する官僚も、同様に遠距離の移動をした。しかも、全国的な一元的統治体制の下にあったため、都と地方の間では絶えず人間と文書の往復が繰り返され、政治・文化等の各種情報が全国的な範囲で拡がる基盤が形成された。それに、民間商人の広範囲にわたる活動を加えることもできる。

始皇帝はこの全中国の境を、北は長城線、東は海とした。朐県（現江蘇省連雲港市）に「東門」を置いて限り、東北には「碣石門」（現河北省秦皇島市昌黎県）があったし、南は嶺南すなわち今日の広東・広西方面まで拡大して、辺関（辺境の国境に置かれた関所）を置いて「中国」と外とを区分した。この長城や辺関で囲まれた範囲が秦帝国の領域であり、外部の強力な敵対者の代表が北方の匈奴であった。

統一政策の一環として、咸陽四方の関を除く国内の長城や諸関、あるいはかなりの数の都市の城郭を破壊した。それは、統一の妨げとなるのを恐れたという理由もあったが、全国的交流・交通を保証しようとする側面もあった。

さて、始皇帝は、統一後全国を巡る巡狩を始めた。北は長城地帯、東は山東半島・海、南は長江（揚子江）以南の会稽（現浙江省紹興市）にまで至った。そのたびごとに刻石し、それが『史記』の始皇帝本紀に引用されている。

始皇帝三十二年（紀元前二一五年）の碣石刻石文には、「皇帝が威を奮い、その徳で諸侯を併合し、初めて（全中国は）一となり泰平となった」と、従った臣下が賞賛している。この「泰平」は「太平」と同音で同じ意味である。また、三十五年（紀元前二一二年）の始皇帝自身の言葉にも、「（焚書を行い、文学・方術の士を集めて）太平を興そうとした」とあり、彼もまた強く太平を意識していた。

そして、三十七年（紀元前二一〇年）の会稽の刻石文には、「皇帝の休烈《よきてがら》により、宇内《てんか》は平一、その

図９　秦帝国概念図

徼は漢代では特に蜀方面の境界に用いられる用語
離水関などの現在の広東方面の関は五嶺山脈よりもかなり南に位置した

徳・恵はいよいよ長久。……みな度軌（法度と規範）に遵《したが》い、和安・敦勉し、令に順わないものはない。黔首《けんしゅ》（民衆）は脩《おさ》め絜《ととの》え、人々は画一の法規を楽しみ、嘉《よ》く太平を保っている」と、臣下たちは「太平」を称えている。

ここに見える秦帝国が自画自賛している「太平」とは、天下の画一的法規の下、皇帝が万機を決して、民はみな罪を犯すことなく、安全に暮らし、それぞれの本業に努め、「平一」であることであった。これはまさに、水面の如き民の状態と、天にも迫る高みにある皇帝の支配、という法家的な「太平」理念そのものである。

いずれにしても、始皇帝と秦帝国の目指したものも、「太平の理想」という中国的伝統の枠内にあったことを確認できよう。四方を限り、外部に対しては攻撃を加え、あるいは防衛し、その内部全域の画一的政治、これもまたユートピアの一つのあり方といえるのである。

次いで「太平」への強い意欲を示した皇帝は、前漢の武帝であった。彼は十六歳で即位してまもない段階から明堂建設に意欲を燃やし、ついに泰山封禅を挙行した翌年（紀元前一〇九年）に泰山の下に明堂を建設した。そして太初元年（紀元前一〇四年）に、暦・官制等について漢王朝に相応しい諸制度を制定した。

その改訂前に、上書して言う者があり、「太古の太平は瑞祥が現れ、民が喜んでから、制度を制定しました」と。これに対して武帝は、「各王朝それぞれのやり方があり、民の喜・不喜でやるのはおかしい。民も太古を望んではいない。漢のやり方で、まず制度を制定してそれを実現するのだ」と、自らのやり方で行おうとする強い意志を示している（『史記』礼書）。

武帝は儒教を国家的学問として採用したが、漢の皇帝はあくまでも儒教的理念よりも高みにあるべきであった。武帝の言葉はそれを如実に示すものである。こうして、武帝は、前漢王朝の政治によって「太平」を実現したと考え、五年ごとの泰山封禅で、天に「太平」を告げ、天下に皇帝の恩寵を及ぼしたのである。

同時に、神仙に憧れ、錬金術にも関心を示し、多くの方士を抱えて宮殿を建設した。武帝にとっては、現世そのものが「太平」を通り越して神仙界そのものであるべきであり、少なくとも皇帝とその周辺はそうなるべきであった。

そして、「太平」実現を天下に示した泰山封禅後の太初元年（紀元前一〇四年）に、今まで多くの点で秦以来の諸制度を継承してきたが、それらを一新して前漢王朝としての諸制度を開始した。今までの十月を歳首（年の初め）とする暦から正月を歳首とする太初暦に改め、黄色（五行思想で土徳を示す色。前漢後期には漢の徳は火徳〈赤〉とされる）を尊び、数は五を聖数とし、さらに官名を大改正し、漢王朝に相応しい音律を定めた。要するに大々的な制度改定を行ったのであり、それこそが「太平」を実現した漢王朝が行うべきことであると考えていたのである。

後漢の班固が執筆した前漢時代の歴史書である『漢書』の礼楽志では、武帝即位当初の明堂建設・礼服制定への意欲を、「太平」を興そうとしたものと評価し、そのような位置付けを与えている。従って、太初元年の諸制度は、ようやくこの時点で武帝が「太平」を興したことを示すものとして理解されよう。

さらに、大規模な形で制度改訂を行って「太平」の実現を目指したのが王莽であるが、これは次章で見ることにし、本章では引き続きユートピアの流れを追うことにする。時代を後漢時代、それも古代帝国が大きく動揺し始めていた二世紀後半の後漢後期にまで、話を飛ばしたい。そこで見られるのは、動揺の時代に相応しく、この世の動乱・衰退を克服してユートピアを実現するための道筋を明らかにした図式である。人物は何休。その説は公羊三世説といい、彼が『公羊伝』につけた注釈書『公羊解詁』に見える。

太平実現へのプロセス

『公羊伝』（宣公十五年〈紀元前五九四年〉の記事）が、穀物を徴収する十分の一税こそが天下の「中正」（中庸を得た正しいもの）であると主張するのに対して、何休は深く賛同し、それについて『孟子』の井田制を下書きにして、理想的な郷里社会について述べている。

私田百畝・公田十畝を耕作する農民たちが（**図8**の井田制を参照）、八十戸の里という集落に住み、父老（年長の有徳者）や里正（漢代では百戸前後で構成される里の行政官的存在）の指導の下、農耕に従事し、村落の学校で学び、優秀な者を王に推挙し、そこでは「財（土地）は均、力（労役）は平」という「均」

「平」状況が出現するというのである。

これは、いわば天下レベルすなわち世界全体で「太平」が実現した状態にあって、極めて小さな地域である郷里で出現すべき理想的状況を示したものである。

そしてそのキータームが「均」「平」なのである。『老子』に見られるような小国寡民をよしとしながら、それに儒教的な諸制度、井田制、教育論を加え、かつ中央への人材登用論まで含めたものである。やはり儒教的な制度制定にのっとった「太平」、その下での小ユートピアといえよう。

それでは、全体的ユートピアはどのようなプロセスを経て実現ないし出現するのであろうか。それについては、隠公元年（紀元前七二二年）の条の何休の注にその答えが示されている。

『公羊伝』にいう「所伝聞」（伝承や書籍による伝聞の時代）、「所聞」（古老などから直接自分で聞いた時代）、「所見」（自ら見聞した同時代）という時代の差異に注目して、それぞれ、「衰乱」―「升平」―「太平」の三段階にあてはめ、それについて議論を展開したのである。「太平」段階では、「夷狄も進んで中国に至り、天下遠近小大全て一のごとき」状況であるし、この天下的サイズの「太平」の下で、右のような郷里社会レベルのミニサイズの「太平」が実現するのである。

そして、この何休の提示した「太平」へのプロセスは、以後の時代に絶大な影響を与えた。すでに見たように康有為のユートピア「大同」においても、「升平」と「太平」が絶えず問題にされていたことを想起されたい。そして各王朝にとっては、今が「升平」なのか「太平」なのかは大問題であった。泰山で封禅を挙行できるのは、「太平」を実現した皇帝だけであるから。

ここでは、こうして儒教的な「太平」の実現ないし出現へのプロセス提示がなされ、以後絶大な影響を与え続けたことだけを確認して、後漢後期に明確な姿を現してきた最も中国的宗教といえる道教に目を向けてみよう。

道教のユートピア

秦の始皇帝は、西方の秦地域を基盤として全中国を統一した。この秦に征服された東方の斉地域は、蜃気楼も見られるなど、海岸地帯特有の自然環境に基づく独自の気風を有し、かつ黄河の大氾濫原の東方に屹立する東岳泰山を有した。そのため、古来、神々・神仙・方薬に詳しく、中国の人々が求めてやまない不老長生の術をもっていると称した方士たちが輩出したところである。

始皇帝は、この方士たちの言葉に忽ち籠絡され、東方海上にあるという蓬莱等の仙山を求めて徐市《じょふつ》(徐福)を派遣し、彼は日本に至ったという伝説が生じた(和歌山県を始め各地に伝承がある。中国にも、徐市の子孫だといわれる人々が多数住む村もあるようである)。海上のユートピア探索であった。始皇帝は政治的勝利者であったが、宗教・信仰面では東方斉の神話・信仰・祭祀が勝利を収めたのである。

その後、神仙思想には様々な要素が加えられ、後の道教への基礎が形成された。すでに前漢時代後期には、甘忠可『包元太平経』があり、一定の経典作成が進行していたことが知られる。そして、後漢に至り、仏教の教団組織・経典などの影響も受けて、『老子』『荘子』による権威づけを行って、独自の経典編纂が進められたようである。

この間、墓中の陶器の上に朱書（朱色で書かれた文言・呪字）されたものには、道教の呪符のような組合わせ文字・紋様や、天帝・天神以下の神々も見られるようになってくる。民間信仰の面でも、確実に道教的信仰が拡大していたのである。

そして、後漢後期には于吉『太平清領書』が姿を現し、それを太平道の張角が得て、教団の基本経典にしたといわれる。またこの道教的な「太平の理想」は、同時期の五斗米道においても受容されていたと思われる。

現行の『太平経』は、南朝陳代に出現したものといわれるが、中には後漢時代の世相を反映したとみられるものもある。『太平清領書』につながる古『太平経』を核に、その後の展開も含め拡大してできたものと一応考えられる。

この中には、「太平に逢えば、安枕して治まるべく、中平に逢えば、力《つと》めて行うべく、不平に逢えば、道をもって自ら輔《たす》けて備えるべし」（天文記訣）と、「不平」―「中平」―「太平」という「太平」への三段階が示されている。これは何休の影響を受けた可能性が高い。それではそこにいう道教的な「太平」とは何か。

世界は、奴婢や民人の上に、賢人・聖人があり、天道への門戸を知る者が天へと登り、仙人・真人・

神人、そしてその上に地と天があり、天は「皇天」ともされる至上この上ないものである。このうち、真人は『荘子』に見られた用語である。

そして、天＝太、地＝平であり、「太とは、大であり、天をさす。平とは、その治が太平均であることだ」し、また「太は大であり、平は正である。気とは、養って和を通ずることを主る。気を得て治まり、太平にして和し、かつ大正である。だから太平の気至るというのだ」（三合相通訣）と述べる。

いままで見てきたような伝統的な「太平」理念に、天・地との対応と、中国的思考において極めて重要な位置を占める「気」の観念を持ちこみ、それらを結合した「太平」理念を作り出している。これが『太平経』の「太平」なのであり、神・人の位階・序列が明確化し、変ることなく「太平」が持続するのである。それは、この世の救済の果てに現れる彼岸としての「太平」とでもいうことができよう。ただし、この「太平」は仏教的な彼岸的「極楽」を意味するのではない。奴婢・民人・賢人・聖人という現世的位階がそのままユートピアの中に持ち込まれた「太平世界」なのであり、そこに、現世利益を最大の特色とする中国的宗教の特色が濃厚に現れているといってよい。

この世に「太平」をもたらそうとした太平道の反乱は、黄巾の乱として事実上後漢王朝を崩壊に導いた。黄河流域一帯に、数千人から一万人によって組織された「方」が三十六も組織され、光和七年（一八四年）二月に一斉に蜂起した。黄巾の主力は十一月には平定され、この年の十二月に霊帝（在位一六七～一八九年）は中平元年と改元した。『太平経』の「中平」を意識したものかどうかはわからないが、奇しくも、「太平」ではなく「中平」に過ぎないことを後漢王朝は自ら宣言したに等しい。

こうして、「太平」というユートピアを掲げた中国最初の宗教反乱は失敗に終った。しかしこの運動は、以後の宗教反乱や農民反乱の先駆けとして、大きな位置を占めつづけることになる。

一方、現在の陝西省南部の漢水上流の漢中地域と四川省東北部を拠点とした五斗米道は張魯をリーダーとして約三十年に及ぶ独自の宗教王国を築いた。そこでは、行政組織は廃止され、宗教的な組織がそれに代り、また道々には義舎が置かれ、義米・義肉が用意された。旅人は必要なものだけを消費し、もし必要以上の物を懐に入れればたちまち鬼神の罰が下されると信じられた。罪の懺悔と、呪符と水による清めと祈禱によって、病気も治癒するとされた。

これが、この宗教王国の様相である。「義」すなわちボランティアによって、人々は米・肉を用意し、また宗教組織の行政と裁判に従った。戦乱の後漢末三国時代にあって特異な宗教的ユートピアが現実に出現したのである。中国史上、画期的であったといえよう。ただ、これは天下的サイズのユートピアというよりは、それよりひとまわり小さいサイズの中ユートピアというべきであろう。

なお、この独立王国も結局魏の曹操の軍門に下り、張魯は道教教団天師道の創始者として以後の道教の発展に大きな寄与をした。

また、この当時、戦乱から逃れて山里において小ユートピアを実現した例も見られた。田疇《でんちゅう》の場合が代表的なものである。

桃花源——小ユートピア——

後漢末の混乱の中、田疇は宗族（同族集団）や随従者数百人を率いて、現在の河北省北部の山間地である徐無山中に入り、山中の平坦な土地を耕し、集団生活を開始したところ、五千余家の人々が身を寄せた。疇はリーダーに選出され、集団統率のため、法規や婚姻などの儀礼を制定した。そこでは「道の落し物を誰も拾わない」くらい、信頼と生活安定がもたらされた。また、周辺の諸民族も侵寇せず、袁紹など各地の支配者もしきりに接触したが、独立を維持した。

しかし、曹操が河北の支配者袁氏を討ち、さらに北方の烏丸へと軍を進めたとき、田疇は曹操の下に入り、一族を率いて曹操の根拠地鄴《ぎょう》（現河北省臨漳県の地）に移った。

これは、短期間ではあったが、山中の小ユートピアの出現といえるであろう。戦乱を避けて、容易に外部勢力を寄せ付けない山中奥深くに、このようなミニユートピアを築いた例は他にもあったものとみられる。

東晉の人陶潜（淵明）の有名な「桃花源の記」では、晉の太元年間（三七六〜九六年）に武陵（現在の湖南省の地）の漁業を生業としていた者が、あるとき桃花林に迷い入り、その奥の小穴から入り込んだ世界は、良田美池が広がり、そこには秦の時の戦乱を逃れた人々が平和な生活を営み、漢以後の中国の歴史と全く隔絶した別天地を築いていた。しかし、この漁業者が帰って以降、再びこの桃花源を見つけることはだれもできなかったという。

これは、よくいわれるように、山中に戦乱を逃れて集落を形成した田疇などの事例が、その背後にあったと見られるものである。このような小ユートピアないしミニユートピアは、戦乱の時代にこそ、人々に希求される。天下大の大ユートピアを問題にした古代から、一元的価値観が動揺し、宗教的共同体を希求したり、現実的なミニユートピアを求めたり、価値の多元化が進行したこの時代に相応しいということができよう。

魏・晉時代以降の分裂抗争時代は、天下的サイズでの「太平」は容易ではなかった。分立した各国がそれぞれの「太平」を求めても、それはいわば中サイズの「太平」にしか過ぎない。天下に向って「太平」を宣言することができる泰山での封禅を行うなどは、到底できないものであった。

しかし、戦乱はますます政府や人々に「太平」を希求させ、その結果、年号に「太平」あるいは「升平」を用いた例がかなり見られる。「太和」「太寧」「太康」もほぼ同様の意味である。また北魏の太武帝の年号「太平真君」（四四〇～五〇年）は、道教的な「太平」の願いをこめたものであった。

道教では、「洞天福地」があるといわれ、それが天国・ユートピアであり、洞天＝小天＝小宇宙であった。天下には十大洞天、三十六小洞天、七十二福地があり、人間の体も一個の宇宙で洞天そのものだし、洞天は壺の中にもあった（「壺中天」という）。天下的ユートピアから中ユートピア、そして小ユートピアへと、いくつもの重層した構造を持っていたことが分かる〔三浦国雄『中国人のトポス』〕。

このような洞窟の中、壺の中、あるいは体内という「洞天」思想は、この「桃花源の記」の時代に生れたが、道教が仏教の「極楽」に対して、現実社会の諸動向をも巧みに取り入れ、独自のユートピアを形成したことが分かる。しかし、『太平経』に見られた天下的レベルでの「太平」実現のエネルギーが低下した印象は否めない。天下大での救済から、個別的救済により強く向ったということであろうか。

太平道の反乱以降、東晉の末年に起こった五斗米道系の孫恩・盧循の反乱（三九九〜四〇二年、四〇四〜一〇年）のように、宗教的共同体・ユートピア実現を願った宗教反乱がしきりに起こるようになるが、個別分散化したため全体的にみてエネルギーの低下は免れなかった。

中国的ユートピアは、道教のみならず、やがて外来宗教のマニ教のメシアによる救済思想、仏教の弥勒仏下生というメシア的思想を取り入れ、あるいはキリスト教的要素を入れて、近代中国にまでつながる宗教反乱の系譜を形成してゆく。再び天下大の救済へと向うには、このような新たなエネルギーの注入を必要としたのであろう。

我々は、ここで章を改め、「平均の理想」の最良・最高の形を表した「太平」から離れて、現実の政治や社会で「平均」「均」「平」をいかに実現してゆこうとしていたかを見てゆくことにしたい。

トピック3

『列子』のユートピア

中国の現存最古の図書目録は、『漢書』芸文志である。かつて錬金術に熱中した劉向が宮中の図書を整理する過程で『別録』を作り、その子の劉歆が『七略』として完成させたが、芸文志はそれをほぼ伝えたのである。

これには、今日に伝わる『孫子』とは別に、孫臏の作と伝えられる『斉孫子』が著録されている。一九七二年に山東省臨沂県銀雀山漢墓竹簡中に、『孫臏兵法』として整理されたものがあり、これが二千年来失われていた『斉孫子』に相当するものと考えられている。このように、芸文志は中国古代の図書目録として極めて高い価値をもっている。

その中に『列子』八篇があり、荘子に先立つ列圄寇《れつぎょこう》（列禦寇）の撰述とされている。この本については、西晋末にはわずか三篇だけが残り、その後現在の八篇に回復されたといわれる。このため、『列子』は魏晋時代の偽作の部分があるのではないかと疑われることも多い。また、後には道教の経典の一つとして『沖虚至徳真経』と呼ばれた。

その湯問篇に、独自の壮大なユートピアが述べられている。

まずいう。渤海の東方数億里に巨大な谷があり大海の水は全てそこに流れ落ちるが、そこには五山があり、各山の頂上の平地が方九千里もあるほど大きい。そこには不老不死の仙聖の種が住み、天空を飛行できるという。

ついで、北方幾千万里もの地の「終北」という国について述べる。

そこでは、風雨がなく、鳥獣虫魚草木さえもなく、四方が高い嶺で囲まれた真平らな土地で、その中央にかめのような形をした壺領という山があり、その頂上の口からは、神瀵というこの上ないよい味と香りがする水が流れ出し、この国全体を満遍なく流れ潤し、人々はその水を飲むだけで、病気のない生活を営むことができる。飲みすぎると酒に酔ったようになり、十日も醒めない。またその水で体を洗うと、肌はすべすべとして、馥郁たる香気が十日も絶えない。

そこでは、農耕の必要もなく、衣服もない。その社会は君臣がなく、男女の婚姻には媒酌人の必要がないし、人々はほぼ百年の寿命を保っている。かつて周の穆王が北遊した際、その国に至って三年間帰るのを忘れ、帰ってから数ヶ月間も茫然自失状態であったという。

この終北国は、一切が変化しない、永遠の太平といえよう。しかし、そこでの人間は、りんごを食べる以前のアダムとイブのままという感があるが。

これらは本章で見たように、康有為が描いた大同における神仙的社会における人々や事物に類似する。康有為は、その著述の多くに大量の古典や先人の著書を引用しているが、『列子』のこれらの記述も、彼の大同ユートピア論に影響を与えたことは間違いない。

第四章 「均の理念」と現実政治

「均」の政治と漢王朝

現実社会においては、永遠の「太平」はありえないし、また常時反乱状態にあるわけでもない。このユートピアと動乱・反乱の間で、社会と為政者は苦悩し、あるいは一定の解決を目指した。その努力が「均の理念」＝「平均の理想」の現実化として現れた。なぜなら、この理念こそ中国社会が生み出した最も理想的な政治理念であったからである。

それによって、政治主張の違いや思想の違いを乗り越えて、実態的・現実的に、あるいは理念的・形式的に、「均等」「平等」「公平」「公的」等々、支配者・民衆それぞれが受け入れ可能な理念を標榜できたのである。

その実現過程においては、「均の理念」そのものの現実社会への適応が問題になった。政治の世界においてこの理念・理想がどのような展開を見せ、その結果どのようにして民衆世界にまでそれが浸透していったのかを見るのが、本章の課題となる。

その発端となる事柄のほとんどが漢代に出現している。その中でも、とりわけ桑弘羊と王莽のあり方が対比的であるが、桑弘羊については、第二章「儒教の『均の理念』」でその主張の大要を塩鉄論議の紹介の中で述べたので（五三・五四頁）それを参照していただきたい。

主張の要点は、天下的範囲の経済的・政治的「均」の実現にあり、実施面ではまさに「均の理念」＝「平均の理想」そのものの実現であるといってよい均輸平準制（全国的に置かれた均輸官によって物流を統制した「均輸」と、長安に置かれた占有物資売買機関である「平準」官とが実施した国営商業）が核であった〔山田「均輸平準と桑弘羊」「均輸平準の史料論的研究」〕。

そして、この桑弘羊の主張を批判した儒教徒が、実際の行政に関わっていったとき、官吏としてかつて批判したものを運用せざるを得ない矛盾に直面し、前漢後期にはかつて桑弘羊が主張したものをも取り入れつつ、『周礼』に「均の理念」を体系化したのであった。

そこに至る過程では、宣帝（在位紀元前七四～紀元前四九年）時代の耿寿昌の発案した常平倉が重要である。彼は財政家であるだけでなく、現存最古の数学書『九章算術』の完成過程にも関わった数学者でもあり、計算能力が高かった。桑弘羊ともども、このようなテクノクラートが政策立案・実施に寄与をしていたことが、前漢時代の一つの特色である。

この常平倉は、特に辺郡（辺境の郡。内地の郡を内郡という）の食料不足と穀価安定とを共に実現する政策であった。これは一定の成果をあげ、穀価の「平」を実現する方式として、以後の穀価安定策あるいは穀物備蓄政策に大きな影響を与えた。

なお、均輸平準制も、実態面での差異はあるものの後の宋代にも実施されたなど、以後の財政政策に大きな影響を与えた。次に述べる「均田」問題と共に、「均」や「平」の理念を背景とした経済・財政政策、あるいは社会政策が、こうして漢代に実施されたことの意義は極めて大きいのである。

戦国時代から秦・前漢時代は、軍事体制を維持しつづけた時代でもあり、たとえば、前漢末期に、内郡でも膨大な武器が郡の武器庫に収蔵されていたことが分かっている。それは、一九九三年に江蘇省連雲港市東海県で発見された尹湾第六号漢墓木牘（やや幅広の木の札）の武器庫所蔵の武器に関する記載によって知られた。そこに記されていた当時の東海郡の武器数は、矢羽約二〇七万点などを含めて、合計二三二六万点以上であった。

武器は絶えず手入れ・補修・補充が必要であり、いざという場合に使用可能であることが求められる。第一章「『平均の理想』とは何か?」で述べたように（二一頁）、兵家の書である『六韜《りくとう》』に兵力の均等化を主張した「均兵篇」があったのは、武器供給とは直接関係しないものの、軍事にこのような実務的精神が強く求められていることと関わる。

このように、秦・前漢時代では、一般の財政運営や軍事において、テクノクラート的合理的運営が求められ、それが「均輸律」（トピック2「均輸平準と数字」五八頁参照）という法律としても実現されていたし、桑弘羊の均輸平準制へと展開もしたのである。頭だけで考えた、実効性を伴わない政策は、実施されようがなかった。

しかし、時代が大きく転換し、強大な圧力を北から及ぼしてきた匈奴も勢力を弱め、多くの官僚たちが儒教の影響を強く受けるようになって、実質的ではない形式的な「均の理念」が強く主張され、テクノクラート的な「均」実現のための政策は表面的には後退する。儒教徒の声が大きくなったのである。

かくして、儒教が主張する「均の理念」＝「平均の理想」が政治の前面に出てくることになる。その最も象徴的なものが、「均田」問題であった。

「均田」の主張と王莽の政治

この「均田」という言葉は、一般的には日本古代の班田収授法の手本となった北朝の北魏時代以降の「均田制」によって初めて使われたと理解されているが、実は前漢末に登場していた。しかも、それは儒教徒の間での「均の理念」の高まりと関係し、また理想的土地制度であると認識されていたかの孟子が力説した「井田制」とも関わっていた。

哀帝元寿元年（紀元前二年）正月、丞相王嘉は、帝が寵愛していた董賢に二千余頃（二千頃で九二〇〇ヘクタールの広さ）の土地を与えたことを批判して、「均田の制はこれによって堕壊《きかい》する」と述べた。この「均田」が、「聖制」たる井田制には及ばないものの、中国史を通じて理想的な土地制度だとされ続けた均田制の、言葉の上での発端である。

この王嘉の言葉の「均田」に対して、三国時代の人である孟康は、「上は公卿から下は庶民まで、品制に応じた土地の均等を均田といい、それがこの帝の行為によって『等制』が壊されたのだ」と注をつけている。

孟康は、後述する九品官人法が行われていた魏の人であり、この「品制」とは官吏社会における九品(一品以下九品までの九段階の官品)の身分等級と、全社会的な士―庶という区別・区分(士とは支配者たる知識人。庶は軍事・税役の負担を負うべき庶民)に基づいていることは誤りない。

前漢時代後期の社会についてやや図式的な説明をすれば、豪族(同じ血縁集団である宗族の人数が多く、土地所有面積も大きい有力者)が一層発展して土地を集中し、一方では土地を失って小作民(小作を「仮作」と言う)になったり、あるいは国家の土地である公田を耕作する小農民が続出していた。土地問題が為政者にとっても放置できない問題になっていたのである。

その打開策として、哀帝の綏和二年(紀元前七年)に当時大司馬(官僚機構のトップである三公は大司馬・大司徒・大司空)であった師丹が提案したのが、土地所有制限策であった。彼自身は、「井田」によって「治平」すなわち「太平」状況を実現すべきだと考えていたが、現実的には土地私有を廃止する井田制の実現は困難なので、土地とさらに奴隷所有をも「限」る策を立てるべきだと提案したのである。

提案が審議され皇帝が裁可したその所有制限策は、土地は諸侯王(王の正式称号)が二百頃(一頃は四・六ヘクタール)、列侯が百頃、以下庶民に至るまでは均等な三十頃、奴婢(奴は男の奴隷、婢は女の奴隷)については王二百人、侯百人、以下は三十人に限るというものであった。いわゆる限田・限奴婢政策である。

身分等級面では、前漢王朝の諸政策に見られる王侯優遇を柱としており、それ以下の階層については官爵の高さや富などを一切考慮しない均等な三十頃というかなり広い面積となっている。

漢王朝の支配理念にあっては、皇帝の下、王侯を除く「民」は均平な水面のような「斉民」（斉一な民）として把握されるべきであった。これがこの制度にも反映している。この三十頃よりも広い土地を集積していた豪族も、一介の農民も、均等にこの面積までは所有可能とされたのである。

この等級制度では、全体として三段階しかなく、しかも王侯以外は「斉民」として扱われているので、儒教徒が強く主張する、支配層の身分・地位の上下に対応した均等化、庶民レベルの一律平均化といった富・土地の分配・所有を是とする理念とは必ずしも合致しない。しかし、この政策の実施によって、当時、土地と奴婢の価格が一時的にせよ下落したという。逆にいえば、土地と奴隷売買がいかに活発であったかがわかるであろう。

当時の有力者には、この制度に不満を持つものが多かった。三十頃という土地では到底足りない豪族たちも同様な不満を持ったであろう。いつの世でも有力者が政治を動かす。この結果、新政の意欲に燃えた哀帝も施行を遅らせざるをえなくなり、結局、施行直後に廃止してしまった。

王嘉の言はこの失敗から五年ほど後のものであり、彼が壊れると認識した「均田」というのは、必ずしもこの限田策を指すものではない。むしろ、一般的な儒教が理想としたピラミッド型の身分等級に対応した土地所有を理想として、それを「均田」と表現し、あまりに多額な董賢への土地賜与が、身分序列の下での均等的土地所有を破壊することを警告したのである。

こうして、深刻化する土地問題解決の指導的理念として、儒教が理想とする均等理念を強くこめた「均」が使われたことを確認できた。これが中国の政治において大きな意味をもつのである。後代の均田制も、この理念と無関係ではないからである。

このような土地問題についての「均の理念」＝「平均の理想」の表出は、決して唐突な出来事ではなかった。この時代には、この理念・理想の昂揚が見られたからである。例えば人名である。中国の人々は、幼名をもち、多くはさらに本名である諱《いみな》をもつ。この諱にはやはり意味がこめられていた。「均」という文字の諱をもつ者は、古代ではこの前漢末から後漢前期までと、後漢末三国時代に比較的多い。名前にも時代の趣好が反映しているのである。

とりわけ象徴的なのは、孔子の十六世の子孫であり、褒成侯（孔子の子孫を特に列侯とした）とされた孔莽の場合であった。王莽が新皇帝に即位すると、彼はその諱の「莽」を避けて「均」と改名したが、それは王莽をいたく喜ばせたはずである。なぜなら、王莽は、「均の理念」を根幹とする『周礼』をその政治に利用し、かつ彼の腹心でもあった更始将軍廉丹を「平均侯」に封建して新王朝の体制立て直しを図るなど、「均」実現とそれによる「太平」への強い意欲を示していたからである。

かくして、我々は、この漢王朝の簒奪者として、歴代の中国の知識人から批判され、儒教徒の一部からは『周礼』の偽作者に擬せられることもある王莽について、その政治に現れた「均の理念」＝「平均の理想」をみる段階に至った。

王莽と「均の理念」

王莽は、平帝時代（在位紀元後一年〜五年）に事実上の摂政として政治を執り、「太平」実現に意欲を燃やした。かの幼い周の成王を補佐した周公に自らをなぞらえ、周公同様に「治平」（すなわち「太平」）を実現しようとした。それを具体的に示す指標《メルクマール》が、儒教が理想とし実現しようとしていた諸制度が制定されていることと、四方の異民族が徳を慕ってやってくることであった。そのため王莽はこれらの実現に全力を傾けた。

前者については、吏民全てにわたる車服制度、冠婚葬祭や奴隷・田宅などにおける身分的品級制度を制定し、中央・地方の学校制度を立てた。儒教徒が理想とする周的政治において理想的な政治に不可欠だとされていた明堂（政治儀礼）・辟雍《へきよう》（学校）・霊台（天文台）（この三つを三雍という）を立て、さらに広く天下から諸学の学者を集めた。そうして元始五年（紀元後五年。以下紀元後の場合は「紀元後」を省略する）正月には、その明堂で諸侯王以下群臣を集めて盛大な祭祀を挙行している。

後者については、すでに元始元年（一年）、はるか南方の越裳氏が重訳して貢献し、同二年にもやはり南方の黄支国が犀を献じていたが、それに加えて北方の匈奴にも手を回して懐柔していた。かくして

「聖なる瑞祥が尽く至り、太平が天下にあまねくなった」と判断されたのが、元始五年五月のことであった。

王莽は安漢公という漢王朝の後見人を意味する公位を有していたが、このようにして達成された「天下太平」を実績として、朝廷においてかの周公同様「天子の事を行う」ことが認められた。天子代行者である。この段階ですでに十四歳となっていた平帝は、彼にとって障害以外の何物でもなかった。病死とされる平帝の死については、死亡直後から王莽による毒殺説が広まっていたが、それは故ないことではなかった。

その後、王莽はわずか二歳の孺子嬰をたて、周公と同様の居摂（摂政政治）を行い、神々に対しては「仮皇帝」と称し、臣下には「摂皇帝」と呼ばせた。そしてついに「禅譲」の理念（古の聖天子である堯が自分の子供にではなく、徳のある舜に天子位を譲ったとされることに因む王朝交代の理念）と讖緯の預言によって、新王朝の皇帝となったのである。

こうして建国された新王朝（九〜二三年）の政治では、復古的様相が色濃く、また儒教の礼経である『礼記』王制篇の諸制度や『周礼』の諸制度の影響が強く見られる。そしてまた、王莽は儒教的理想・ユートピア実現に強い意欲を示した。いわば、より一段高いレベルの「太平」実現、儒教的ユートピア実現をめざしたのである。

その全体像はあまりに多岐にわたるので、ここでは「均の理念」とユートピアに関わる部分だけについて、時間的には前後するものがあるが、地域分割の理念から王莽が採用した諸制度へという形で述べてみたい。

まず、首都地域を常安（長安。新室西都）と義陽（洛陽。新室東都）とを連ねた「邦畿」とし、全国を儒教経典である『尚書』禹貢篇の九州名に合致させた州名に再編した。さらに全国の経済を統制するための「五均」制度では、全国は邦畿の中央地域と東西南北の四地域に分割され、それぞれの中心都市の市（壁で囲まれた都市内の商工業特別区域。中心に市の役所がある）がその地域全体の「市平」（物価）に責任を持つ。中央地域は常安の「京」（旧長安東市）・「畿」（旧長安西市）と義陽の「中」（旧洛陽の市）、及び東地域は臨淄の「東」、西地域は成都の「西」、南地域は宛の「南」、北は邯鄲の「北」の各市に五均官が置かれた。この経済政策では全国は五地域に分割されたのである。経済的「平均の理想」の実現といってよい。

なお、儒教が理想とする地域的分割では「土中」（「地中」ともいう。第一章「「均の理念」とは何か?」二五頁参照）の洛陽に首都を置くべきであったし、それによって「方形のプラン」に分割された各地域は、距離的にも負担面でも均等となるのである。そのため、王莽は洛陽遷都に並々ならぬ意欲を示した。一度は遷都を宣言したくらいである。

しかし、秦・前漢の伝統を切断することはできなかった。そこで、両都制・連邦畿という考え方を打ち出し、実質的に長安地域を根拠地としながら、土中洛陽に王都を置いていることを主張したのである。

図10　王莽の地方制度と五均制（理念形）

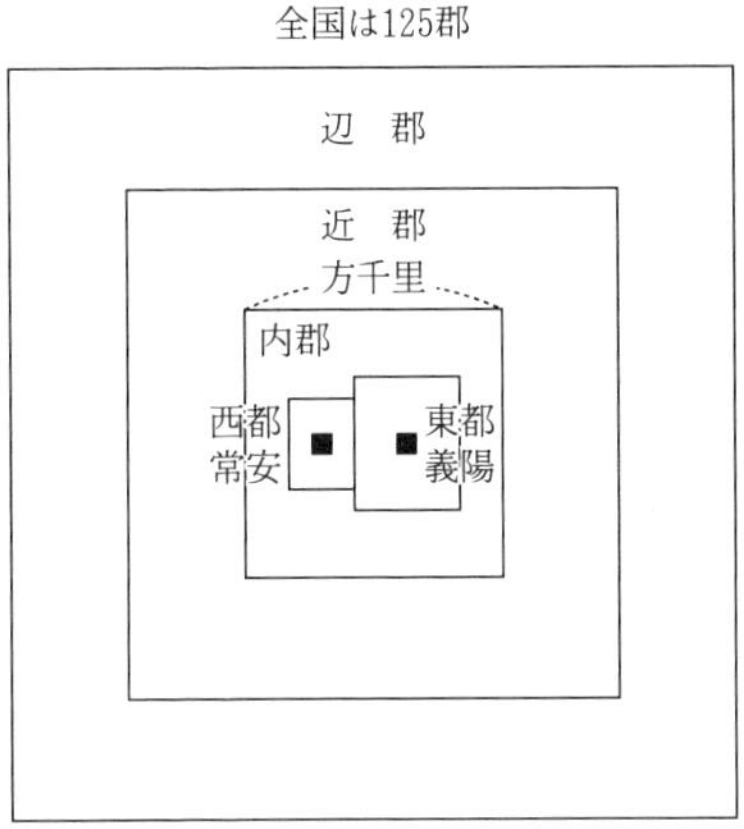

常安の郊外には六郷、その外側には六尉がある。
義陽の郊外には六州、その外側には六隊がある。
六隊までいれた範囲は義陽の方が広い。

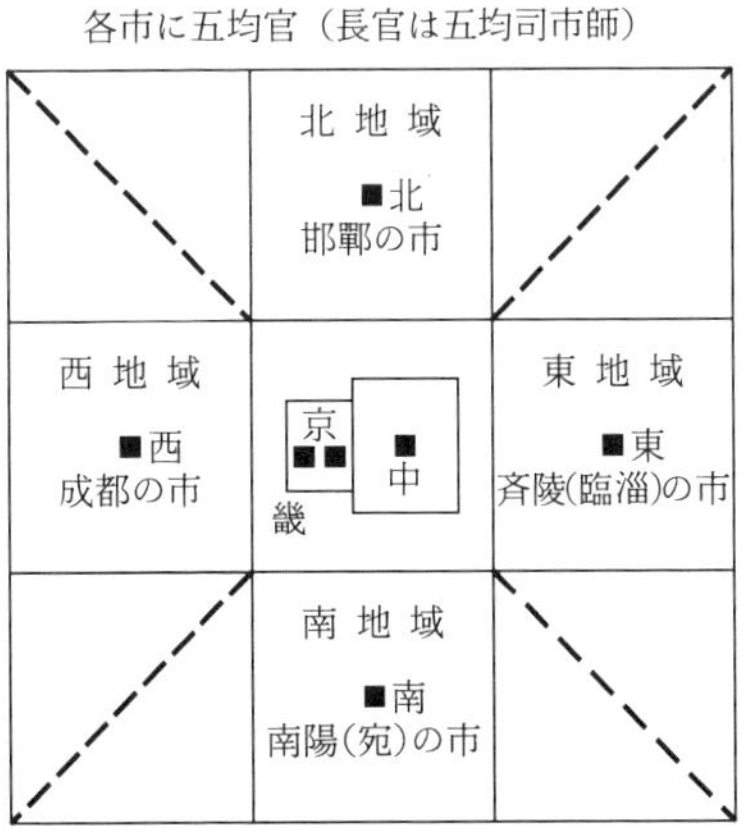

義陽は土中の地。その市も「中」とされる。
斉陵・南陽は王莽が改名した県名。
井田形の九州を理念的背景とするが、実態的にはこれとずれる。

これは、後代に大きな影響を与える首都・畿内理念となる。

これらを図式化したものが図10である。全国一二五郡は、中心から五百里すなわち方千里と観念されていた地域の郡が「内郡」、その外が「近郡」、さらに外が「辺郡」であった。

王莽の新では、漢王朝のような「郡国」制は廃止された。諸侯王そのものが廃止されたからである。従って、全国は「郡県」制の下に置かれたのであるが、その上に「封建」制が重ねられた。周代に行われたという公侯伯子男の五等爵を復活したのである。王莽の理想的配置によれば、全国にはこれら五等の諸侯が一八〇〇、諸侯以下のクラスである附城がそれと同数であるとされる。そしてこれら諸侯や附城が封建されていない土地を「間田」とした。

実際には、諸侯は中央政府から俸祿を支給されており、「封建」は名目に過ぎなかったが、『周礼』の構想に極めて近い形で、五等爵による封建を行ったのである。この封建は、『周礼』的ユートピア実現に不可欠であったから、是が非でも実現すべきものであった。しかし、同時に秦以来継承されてきた秦漢的な伝統も根強いし、実際の政治運営はそれを抜きにしては不可能である。そこで、郡県制を基礎とした官僚制による直接支配を行い、それに形式的に封建制をかぶせて、理想の実現を図ったのである。

しかも、王莽は前漢末の土地と奴隷売買の弊害を厳しく指弾し、土地国有制である「王田」制を実施し、奴婢売買を禁止して、本来皆同じ人間でありながら人に所有されているという意味で奴婢を「私属」と呼んだ。前漢末に所有制限しようとしてできなかった土地・奴婢問題に、断固たる対処をしようとしたのである。

この「王田」制は「井田の聖制」すなわち儒教が理想とする「井田」そのものだと意識され、具体的には図8の「井田」の図（四八頁）に見られるような合計九頃（九百畝）の井田を基本としていた。『孟子』が伝える周代の井田制では真中の公田分の収穫は国家に収納されることになっていたので、王莽の制度では、八人の成年男子が納入する「什一税」（十分の一の税）をこれに該当するものとみなして、一家八人の男子がいる場合にはこの九頃までの耕作を許すというものである。

実態的には「井田」制の「みなし」なのだが、王莽の意識では聖なる井田制そのものであった。その結果、前漢時代の税体系は大転換を被り、粟・稲などの主要な穀物で納入される田租の税率は、それまでの三十分の一から十分の一となった。つまり田租の税額は三倍になったのである。こうして税の基本はこの田租となり、前漢時代にあった人頭税である算賦（十五歳以上の成年男女から毎年一二〇銭徴収する）が廃止されたのである。

天下の「方形のプラン」と井田型の分割・地域区分、首都の「土中」への確定とそれによる「邦畿」制、土地の国有制と「井田」制の実施、理想的税制だと認識されていた十分の一税の採用、『周礼』とは異なるが数字的・形式的に整えた四輔―三公―四将―九卿―二十七大夫―八十一元士を機軸とする官僚機構、そして首都における明堂・辟雍・霊台、あるいは『礼記』月令篇などに見えている時節に応じた政令の公布の実施等々、儒教的諸制度は完成した、と考えられた。

こうして、王莽は、周公時代と同じ理想的政治制度を実現し、儒教的・『周礼』的ユートピアは「完成」した。

しかし、現実の政治は実態に即した財政運営を不可欠とする。税制改定によって不足した財源補充のために、貨幣制度の改訂による収入増をはかってそれを大きな柱にしようとしたが、結局失敗に終った。また一成年男子に一匹（幅二尺二寸、長さ四丈）の布帛（布は麻布、帛は絹布）を納入させる夫布制も行って税収確保するなど、追加的税制も実施せざるをえなかった。ただその場合でも、『周礼』に依拠するのを忘れなかったところに、王莽の面目躍如たるものがあるといえよう。

王莽の政治のほころびは、この現実政治の面での対応のまずさ、そして外交政策の失敗、反乱の勃発などによって拡がり、極めて短期間にその政権は崩壊した。しかしながら、全体として『周礼』に掲げられていた諸々の政治的な理想が実施に移されたことは特筆に価する。また、「五均」制は物価・物資の「均」を実現しようとした制度であり、桑弘羊のような全国的「均平」を実現しようとしたものではなく、儒教的地域分割を前提としたものであるところに特色がある。

『周礼』的な諸制度の根幹的精神である「均」の実現は、中心から周辺という地域的「均」、「井田」制による土地の「均」、「五均」制による経済的「均」、という形で実現されたのである。しかも全面的に「封建」制が採用された。このような『周礼』的精神と封建制を柱とする政治は、後に魏晉時代、とりわけ西晉時代に全面的に採用される。王莽はその先駆けとなったのである。

また、この「間田」「常安」「王田」等の言葉や、王莽が下した月令の詔令などは、**図11**に示したように居延漢簡や敦煌漢簡にも見えており、結果はともあれ、王莽が精力的にその実現をはかったことは確かであった。

なお、「均の理念」＝「平均の理想」が昂揚したこの王莽前後の時代、前漢末王莽代の人揚雄が各地の人から聞いて記した方言の書『方言』によれば、燕（現北京を中心とする地域）や斉（現山東省地域）の東部地方では、「平均」という言葉は「相い賦斂すること」すなわち収奪を意味したという。これは、

図11　王莽の政治を示す漢簡

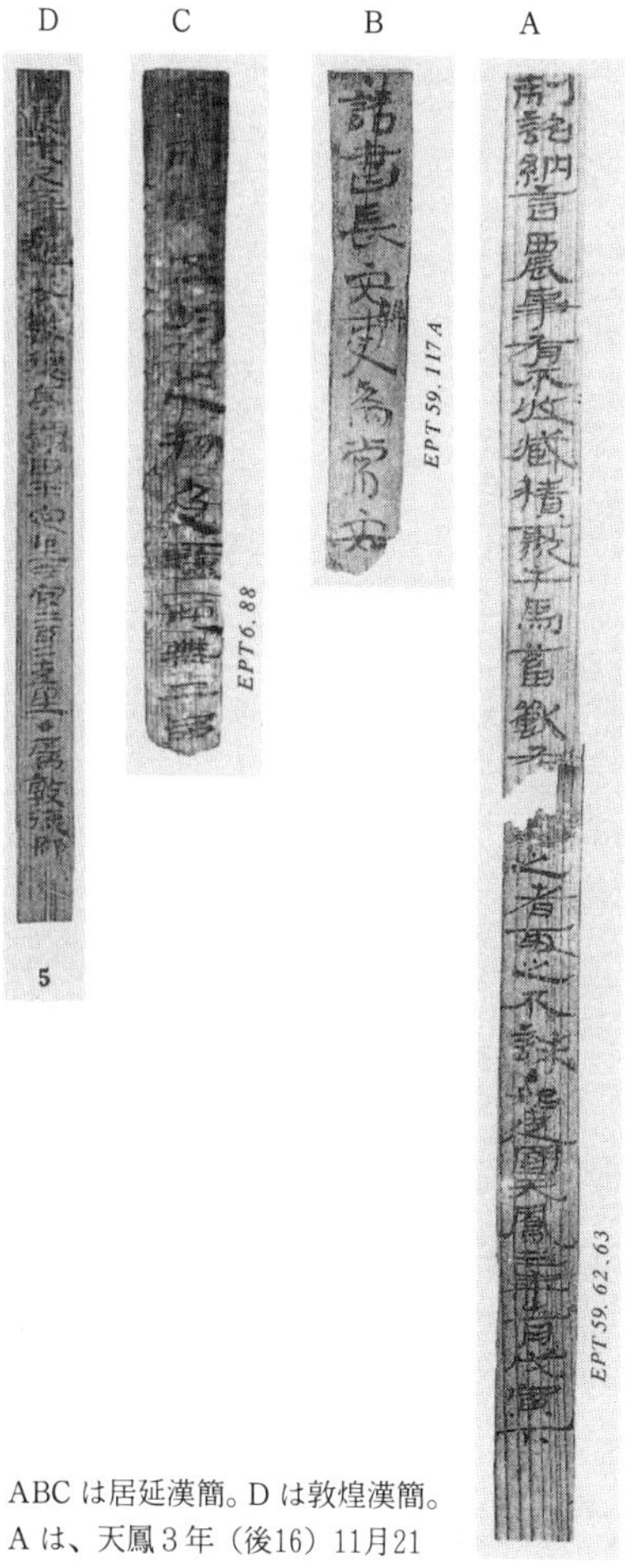

ABCは居延漢簡。Dは敦煌漢簡。
Aは、天鳳３年（後16）11月21日に下した月令公布の詔令。
Bは、長安県を常安府に改名したことを示すもの。
Cは、「五均之物」という文字が見えるもの。
Dは、「間田」という文字が見えるもの。

支配階層の間で昂揚した「均の理念」＝「平均の理想」も、民衆にとっては収奪の仮面にしか過ぎなかったことをあからさまに示したものである。民衆が「均の理念」を自らのものとし、近現代の「平均主義」のようにその体質とするまでには、まだ多くの時間が必要であった。

因みに我が国においては、豊臣秀吉が「奥州征伐」の際に奥州諸国の「仕置」を行ったが、その時「仕置」と同意で、平均に支配し命令に服させる意味で「平均」という言葉を使っている（「伊達家文書」などの秀吉文書）。これも、ある意味では「平均」のもつ支配・収奪の一面を理解した用い方であったということができよう。

班固『漢書』のユートピア

前漢一代の歴史書『漢書』は全百巻で、本紀と列伝とを中心とする所謂紀伝体の歴史書である（「本紀」は天子の事蹟を時間軸に沿って記述したもの。「列伝」は臣下の伝記。「表」は各種の年表。「志」は天文・祭祀・儀礼・経済などの重要事項ごとに記述したもの。紀伝体の歴史書は普通これらからなる）。班固は司馬遷の『史記』で始められた紀伝体を継承し、その形式を確立したのである。

著者班固（三二～九二年）の一族は、初め現在の山西省の北部方面で牧畜を営んで富を得、やがて官僚を輩出するようになった。さらに成帝の後宮で寵愛を受け婕伃《しょうよ》（皇后を除く、後宮の女子全十四等級のうち第二位で、列侯相当）となった女子が現れ、それによってさらに富を得た一族は本籍を長安に移した。

班氏は、前漢末から王莽時代、中央にあって富もあり、また学問的環境にも恵まれていた。班固の父の班彪は、司馬遷『史記』が必ずしも儒教的精神で貫かれていないと批判し、また武帝代で記述を終えていることから、自らの手によって前漢の歴史を書こうとした。しかし、彼はこの目的を達成できず、子の班固が引き継いで完成させた。しかし班固も若干し残し、八つの表と志のうち天文志は彼の妹の班昭などによって完成した。こうして班氏一族の力で『漢書』は完成したのである。

なお、班固の弟が班超であり、西域で活躍した。有名な成句「虎穴に入らずんば、虎子を得ず」とは、班超が西域の鄯善（もとの楼蘭国）において匈奴の使者がきたとき、わずかの手勢で襲撃して勝利を得たが、その時に発せられたものである。班氏一族は、学問のみならず冒険心にも富んだ人々であった。

さて、この班固『漢書』は、完成直後段階から当代の学者から甚だ重んじられて、人々は皆学んだという。さらに、これには儒教経典に次ぐ地位が与えられ、代々その学問を伝える「漢書家」という家もあって、唐代まで非常に重んじられた〔吉川忠夫『六朝精神史研究』第Ⅳ部第十章〕。まさに、思想的にも極めて重要な、権威ある歴史書であったということができよう。

この『漢書』では、『周礼』も依拠すべき経典の一つとしてたびたび引用されている。王莽・劉歆以降、古文学の『周礼』は確実にその地位を上昇させ、注釈をつける者も多く現れてきたのである。班固は今文学のみならず広く古文学も取り入れ、『漢書』では、特に食貨志上・下のうち上に彼の理想を叙述した。そしてこの食貨志上には、濃厚な『周礼』の影響が見られる。

『周礼』の影響は耕地制度・郷里制度に典型的であり、さらに『孟子』の「井田」制について、八家はそれぞれ私田百畝・公田十畝、合計八八〇畝の耕地とし、残りの二十畝は八家の宅地などとする解釈を示した。この班固の井田制の定式化をうけたのが後漢後期の人で「太平」へのプロセスを提示した何休である。それについては図8をもう一度参照していただきたい（四八頁）。

この、食貨志上では土地支給制度についても、後代に決定的な影響を与える考え方を出している。それは、「二十歳で田を受け、六十歳で田を帰《かえ》す」といういわゆる還受規定である。これは北魏以降における均田制の還受規程の理念的根拠となったはずである。また、『周礼』と同様、土地区画・郷里制から始めて、班固独自の理想的な郷里社会を叙述し、それによって理想的周制が実現されるとした。

こうして、『周礼』とともに、より簡潔で具体的な儒教が理想とする周的ユートピア実現のプランが提示されたのである。これもまた実際政治の場で、「均の理念」＝「平均の理想」実現に大きな影響を与えることになる。

魏の曹操と「均の理念」

今文学者何休は、古文の『周礼』を「六国陰謀の書」、すなわち戦国時代にできた陰謀の書物で、周公の書物などではない、と激しく批判した。しかし、後漢代を通じて確実に儒教経典としての地位を上昇させてきていた『周礼』は、「周公が太平を致した功業」の書だとする鄭玄（一二七〜二〇〇年）の登場によって、礼経のトップに位置付けられた。

儒教経典の中で礼経は三つある。それらいずれにも注をつけた鄭玄は、『周礼』が「礼の経（根本）」、『儀礼』が「曲礼（礼の委曲）」、『礼記』が「礼の記（注釈）」というように、『周礼』を中心として体系化した〔加賀栄治『中国古典解釈史・魏晋篇』〕。

鄭玄は、もはや「太平」ではない、大樹が倒れようとする後漢末に生きた人間であり、この動揺の中で『周礼』を理想的な「不変の書」として見、改めて周公の理想・儒教的ユートピアを前面に押し出したのである。いわば学問に徹底することによって、次代の理想を提示したのである。こうして『周礼』は、魏晋以降の政治に圧倒的影響を与えることになる。その最初の現れが、「乱世の姦雄」などと評された曹操（一五五～二二〇年）であった。

曹操は、政治的・軍事的・文学的天才であるだけでなく、学問的にもすぐれ、古文学に明るかった。後漢最後の献帝（在位一八九～二二〇年）を輔佐しつつ、着実に自己の権力基盤を固めた彼は、周王朝樹立への基盤を固めた文王をもって自ら任じていたといわれ、またその詩文で周公・孔子を称え、「太平」「五等爵封建」「井田」を詠《うた》っている〔竹田晃『曹操』〕。まさに周が行っていたとされる政治こそが彼の理想だったのである。

こうして、曹操の手によって、『周礼』の構想と、「均の理念」＝「平均の理想」とを現実政治の指針とする方向性が決定づけられた。

具体的には、まず「五等爵」の制定として現れ、曹操が魏「公」に封建される下地をなした。また地域区分についても、後漢時代の十四州を古制の九州とした。さらに彼の根拠地となった鄴城（現河北省臨漳県の地）の宮殿建設では『周礼』の六寝の理念（路寝一と小寝五の六寝殿）が配慮されたという。『周礼』の都城制度への影響が以後顕著となる。

曹操が開始した新たな税役制度は、一畝（後漢の度量衡では四・六アール前後。魏晋以降度量衡は拡大していくのでいずれも後漢の制度よりも大きい。他の度量衡も同じ）につき四升（後漢では八〇〇ミリリットル前後）の田租と、一戸につき二匹（後漢の一匹は幅五〇・八センチメートル、長さ九・二四メートル）の絹と綿二斤（後漢では一斤は二五〇グラム前後。なお綿は、まだ木綿が普及していない時代なので、繭からとられる真綿を意味している）を出す戸調制であった。この戸調制には、土地の大小や口数の多少などの各戸（「戸」とは戸籍上の家をいう）の状況に関わらず、均等に徴収しようとする理念が強く出されている。

事実、この制度開始を命じた曹操の命令の冒頭に引用されたのは、孔子の「寡《すく》なきを患《うれ》えずして均《ひと》しからざるを患える」という『論語』に見られた言葉であった。つまり、これは、明確に「均」を実現しようとして実施された制度であったのである。こうして、魏晋時代から唐代までの税役制の根幹をなす戸（隋唐では成年男子を単位とする）への均等賦課制（戸ないし成年男子に対して基本的に全く同一額の税を賦課する制度）が開始された。

ただし、この時代から遡ること二百年以上前の王莽時代の税制は、「聖制」である「井田」制と「十分の一税」とを実現し、成年男子一人あたり一匹の夫布徴収をしたため、一戸一夫婦の家が多いのではぼ一戸あたり一匹という均等な額となっており、すでに王莽時代に均等賦課の精神が明確化していたといえる。

後漢末は貨幣経済が破壊的状況にあったため、貨幣によって徴収する算賦（王莽は廃止したが後漢には復活した）などの税は廃止せざるを得なかった。そのため曹操は、現物である絹と綿とに基盤を置いた戸調制を採用したのである。ただ、最近の湖南省長沙市走馬楼の古井から発見された十万点以上の簡牘（木・竹の細い簡や幅の広い牘）によれば、三国時代の呉では、銭による税徴収がかなり広く行われていたようである〔『文物』一九九九年第五期など〕。呉では後漢時代の税役の伝統が形を変えて存続していたことを示すものであろう。

なお、唐の制度では租庸調制度を根幹とし、成年男子一人あたり、租は穀物二石《こく》（一一八・八リットル）、調は絹二丈（六・二二メートル。幅は一・八尺で約五十六センチ）・綿《まわた》三両（約一一二グラム）、庸は首都での年間二十日の徭役（一日あたり絹三尺換算）を原則とした。これに雑徭が加わり、成年男子に対する均等な賦課の全容をなした。

その合計額は、徭役日数では年間七十五日、銭では二五〇〇文、穀物では十石となり、国家は必要に応じて、租庸調で取ったり、銭で取ったり、あるいは徭役に徴発した。これを研究用語として「均賦制」と称している。

これは、「均田」制による土地支給が、商人などゼロに近い者から規程どおりに百畝の者まで、そのような個々の土地や資産を考慮せず、成年男子であれば年間七十五日分の労働が可能であるという労働均等観念を根拠とし、均額を賦課したのである。

王莽が端緒を開き、曹操が定式化した税役における「均の理念」が、最も集約的に現れたものが唐代の均賦制であった。このような国家を支える税役制の根幹となる方式を定めたという意味でも、曹操の歴史的位置は極めて重い。

要するに、この戸調制では、曹操の手によって経済・財政政策の根幹に「均の理念」が据えられたということを確認しておきたい。

またこの時代には、『周礼』に書かれている諸制度を実現しようという議論が盛んになされた。「封建」・「井田」制及び肉刑である。封建は五等爵として実現されたが、肉刑は肉体損傷刑の残酷さを指摘する反対論が強くて実施されなかったし、井田制は耕作者のいない土地が多かったものの、良好な土地は有力者や豪族に占められていたという状況があって、実施されなかった。

九品官人法と封建制

曹操は魏王となったが、さらに一歩を進めて皇帝に即位することはなかった。しかし、彼の後を継いだ子の魏王曹丕が後漢の献帝から禅譲されて後漢が滅び、魏王朝が始まった（二二〇年）。この魏王朝成

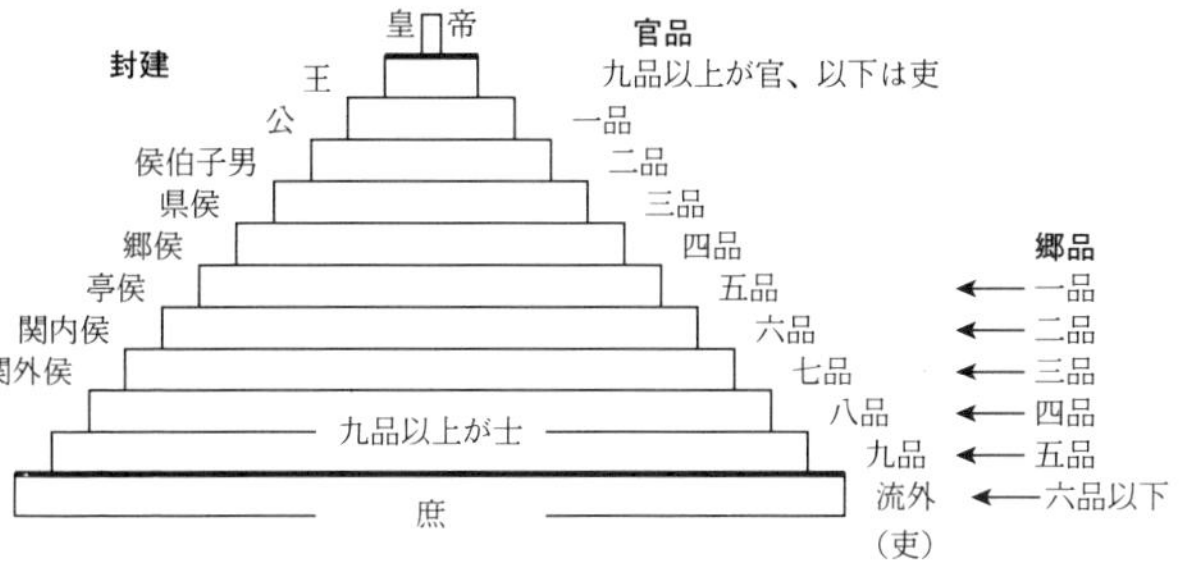

晉では、王は一品の上。南北朝後期以降、王は一品とされる。
王と一品の公、二品の侯伯子男は「封建君主」でもある。流外とは九流（九品）外の意味。
社会階層的・身分的には士庶の区分が最も重要。庶には農工商が含まれ、また兵戸も同じ位置。
庶の下に、奴隷である奴婢などが位置し、庶と奴隷の中間的皁隷《そうれい》という階層もある。

図12　九品官人法と封建制・身分制

立直前に、新たな官吏登用制度である九品官人法が制定された。

九品官人法は、**図7**に見られるような『周礼』的身分階層と、「九命」という等級制に依拠したものである。また、これより以前、政治・学問に強い影響力を持った『漢書』の古今人表（表の一つで、古今の人物評価をしているもの）では、歴代の人物を上上、上中、上下、中上、中中、中下、下上、下中、下下という九段階に等級づけていた。このような人物評価における九段階の影響もあったとみられる。

本来は、『周礼』同様、最高位を「九命」ないし「九品」とするべきであったろうが、聖人周公の定めた制度は「太平」にあってこそ実現されるべきものであったため、「太平」とはいいがたい状況下にあった魏初年であることからそれは避けられ、「九」ではなく逆の「一」を最上位とするピラミッド型の制度にしたものとみられる。

宮崎市定氏が明らかにしたように、地方の人物を中正官が評価してその人物が将来登り得るであろう官品である郷品（一品〜九品）を与え、中央では郷品から四等級下げた官品で任官させるものであった。したがって、与えられた郷品の高低は任官とその後の昇進に決定的な意味を持った。魏晉時代の貴族の子弟は郷品二品以上を与えられ、それから四等級下げた六品以上で任官した。このような家柄を門地二品といった〔宮崎市定『九品官人法の研究』〕。人物評価を柱にしたはずの官吏登用制度も、家柄基準の制度、すなわち貴族的な制度に、たちまちのうちに変ってしまったのである。

こうして、この制度にも、『周礼』的ピラミッド型の身分等級による均等を策した「均の理念」が貫徹していることを確認できた。官僚制とともに、「封建」制をも全面的に実施してこそ『周礼』的ユートピアはこの世に実現する。

魏の末年は曹氏一族の力が衰え、政権は司馬氏の手にあった。司馬氏は対立する蜀を魏の末年に滅ぼし（二六三年）、魏に代って西晉王朝を立てた（二六五年）。この西晉王朝は二八〇年に長江（揚子江）以南を根拠地としていた呉を滅ぼして天下を統一し、「太平」を実現した。その年号においても、晉の武帝は最初に「泰始」という「太平」開始を意味する言葉を採用し、呉を滅ぼした年には「太康」という、ほぼ「太平」と同じ意味の年号を採用して、「太平」実現を天下に宣言したのである。

この魏末から西晉にかけては、曹操によって復活された公侯伯子男の五等爵による「封建」が盛んに行われた。西晉武帝代では、皇族の王が二十余人、公以下の五等爵を有する者は五百余人で、しかも封建された者は封邑の田租・戸調の三分の一が得られるという実質も伴った。この封建諸国数は、計算上太康年間の天下郡県数の約半数に達する。このうち、大・中・小三等とした王国に関する規定は、『周礼』の制度に直接的に依拠していた。

このように西晉王朝は、王莽新王朝同様、郡県制をベースにしながらその上に全面的に封建制を重ねた体制とした。この結果、ピラミッドの頂点に位置する皇帝の下、皇族や貴族が高級官僚であると同時に封建君主でもあるという、官僚制・封建制・身分制の三位一体的支配構造が構築された。しかも、彼らの多くは大土地所有者でもあった。彼らは、民衆に対して、高級官僚として統治し、封建君主として君臨し、社会的には貴族として卓絶した地位を有し、私的経済関係においては荘園主でもあった、というような関係性をもったのである。

この魏晉代には、さらに多くの「均の理念」＝「平均の理想」に関係する事柄があるが、少し先を急ごう。康有為や「平均主義」の二十世紀まではまだ先が長い。

均分相続の開始

西晉は諸王に大きな権限を与え、皇帝の藩屛としようとしたが、これらの諸王があい争う八王の乱の結果、短期間で滅亡した。「太平」の謳歌は短かったのである。この期間に、北方では民族的矛盾が激化し、乱に乗じて匈奴系の諸民族が独立し、西晉はその力によって倒された（三一六年）。以後、中国の北部は五胡十六国の戦乱に入り、漢人と胡人、及び胡人相互が激しく争う民族的対立が激化した。

一方、南方の長江流域には東晉（三一七〜四二〇年）が成立し、以後、宋（四二〇〜七九年）・斉（四七九〜五〇二年）・梁（五〇二〜五七年）・陳（五五七〜八九年）の南朝が続く。この南方では、貴族制が最も典型的に見られた。これらの時代にもとりあげるべき「均」の政治はかなり見られるが、それらの中で一つだけとりあげてみたい。それは、この貴族の間に、「均分」相続が確固としたものとして成立したことである。

従来、中国の家族制度は古代から近代までほとんど変らず、父系・男系優位で、兄弟「均分」相続が行われてきたという理解が、ともすれば一般的であった。しかし、実は、秦漢時代の家では、母の原理・女性原理とでもいうべきものが強く見られ、「家」制度では父子関係が主となりつつあったものの、母子関係が依然として強かったため、父の原理だけによる「均分」観念はまだなかったのである。

嫡子であるか庶子であるかを問わない、すなわち母が嫡妻か妾などかを問わないで、父だけを問題にする父子相続・兄弟「均分」相続観念は、魏晉時代の貴族の間で強まった。三国時代には、継母殺害を親母殺害と同罪としたが、これは逆にいえば秦漢時代では実母—実子という母子関係が極めて重要であり、母の違いを問題にしない父子関係が魏晉時代にようやく完全に優位に立ったということができる。

さらに、嫡子と庶子の区分も重要視されなくなり、子の世代の均等観が強まった。男の子達は父親から均等にその「気」と「血」を受け継いだのだと社会的に意識されるようになった。とりわけ、貴族の家では、門地二品などの形で家格が定まり、九品官人法によって任官が安定的に保証され、また一族のだれかが高位高官に上りつめれば、それだけで一族のほとんどが徭役免除などの恩恵を受けることができた。民衆に比べてはるかに貴族の家の構成員は自由度が高かったのである。

こうして特に貴族の家で兄弟の平等性は強まった。少なくとも、南朝時代、貴族の家では完全な「均分」制が理想とされ、実施された。それは分割不可能な一本の生きている樹木にまで及ぶべきものであり、徹底した均等分割がなされた〔山田「中国古代の「家」と均分相続」〕。

この南朝貴族の「均分」慣行は隋唐の法律に取り入れられ、唐の戸令には、「田宅や財物を分割しようとする場合は、兄弟均分とし、……兄弟の死亡者については、その子が父の分を承継」するとある。兄弟間での「均分」が徹底しており、一人がなくなった場合は、その子供たちが父の得分を得たのである。

この法規は、一般民衆レベルにもすみやかに浸透したものとみられる。支配階層の理念が民衆レベルへの拡がりをみせたのである。兄弟「均分」が行われるような父子関係では、父の下、子（男子）はみな平等なのである。一方、天下においては、天子は民を「赤子」とし、天子―民という関係はそのまま父子関係に擬すことができる。

天子の同一の「子」たる民の間に、土地所有の不均等があるのは具合が悪い。したがって、この「均分」理念は、家の内部だけでなく、天下的範囲での「均分」をも導き出す理念となった。民衆への「均の理念」＝「平均の理想」が浸透し、拡大したチャンネルの一つは、この「均分」相続にあったと考えられるのである。

支配者として政策実施面に関わった貴族にしても、彼らがいかにして「均の理念」＝「平均の理想」を身につけたかが問われねばならないが、それは儒教経典の学習という教育の問題になる。

魏晉時代の貴族の家では、四歳で『孝経』、七歳で『論語』が学ばれ、以後儒教経典の勉学が続き、十三歳で『周礼』と『礼記』が学ばれ、さらに十五歳で太学（中央の大学）に入るべきものとされた。『周礼』は家庭的教育の最終段階で学ばれている。このような教育によって皇帝以下貴族たちは、『周礼』の根幹的思想である「均の理念」＝「平均の理想」を血肉化したのである。

均田制の開始

五胡十六国時代、中国内に建国した五胡の諸国では、漢人（現中国で絶対多数を占める漢族は長い歴史的経緯によって形成されてきたが、その漢族を中心とする人々）と胡人（遊牧・牧畜系の匈奴・鮮卑などの五胡の人々）の対立、貨幣経済の壊滅的状況、人口の激減、生産基盤の破壊、胡人の略奪等々の戦乱・激動がおこっていた中にあっても、国家建設の柱として、魏晉時代に明確化していた『周礼』的政治理念・「均の理念」重視はそのまま受容され続けた。

秦漢的伝統を超えて、さらにそれ以前の殷・周の制度によるべきだという考えから、君主の称号も「皇帝」ではなく『左氏伝』や『周礼』に見える「天王」を称することもあった。後趙（三一九〜五一年）の石勒は田租の減免にも「均」字を用いたし、石虎は「政治は均平から始めるべきもの」とした。一時ほとんど華北全域を統一した前秦（三五〇〜九四年）の苻堅は、極めて熱心に儒教を受容し、後宮の女子にも学ばせ、首都「百里内」では「士」だけに車・馬に乗ることを許可するなど、『周礼』的精神による政治を行った。

また、蜀方面に建国した成漢（三〇三〜四七年）の李班は、古《いにしえ》では「墾田が均平」であったが、現在では貴族・有力者が広大な土地を占めており、これは「大均」の精神に悖《もと》るものだと主張した。この「大均」とは、『周礼』に見える土地の均平が実現されることが「礼」であるとする観念による。また、「トゥルファン文書」（新疆ウイグル自治区のトゥルファン地域出土の文書類。時代的には五胡十六国時代から唐代のものが多い）の五胡十六国時代の文書には、「均役主簿」という官名も見え〔『文物』一九八三年第一期〕、税役面で「均」であることが強く求められていたことを示す。

ある意味では、漢人よりも素朴であった胡人は、よりラジカルに『周礼』的ユートピアと「均の理念」を受容したということができる。

この状況を、華北全域を統一して南北朝時代を出現させた北魏（三八六〜五三四年）についてみてみよう。鮮卑族の拓跋部によって建国された北魏は、早い段階から中国文化に接してきた。遊牧的部族制を解体しつつ中国的・農耕的な社会体制に改編して国力を増強し、華北の支配者となった。その中心は現在の山西省大同市にあたる平城であった。そして北魏は、この平城を中心として、『周礼』に見られたような地域区分を実現しようとした。

具体的には、平城周辺の地域を「畿内」とし、その外側には東西に広い「郊甸」が設定された〔勝畑冬実「北魏の郊甸と「畿上塞囲」」〕。そして方千里内すなわち「畿内」とそれ以外とで税穀の納入に区別をした。このような首都を中心として、首都地域である方百里内、そして方千里内の「畿内」、その外側の「畿外」とに地域区分することは、すでに部分的には五胡時代から見られたが、北魏はこの「畿内」と「畿外」に対応して郷里制度も別々にした。さらに北斉（五五〇～七七年）では首都地域を三十里内（方六十里内となる）、その外側の方百里内とに区分し、その外には「畿内」方千里、さらにその外に「畿外」を設定した。

この畿内制度は、隋（五八一～六一九年）の煬帝（在位六〇四～一七年）が事実上、「土中」洛陽を首都とし、大興城（長安）との東西両都制を実現して、この二つの首都地域を「畿内」とすることで決着する。これは、かつて王莽が実施したものの再現であった。この隋の制度が唐に継承され、日本古代の畿内制へと継承される。畿内制も地域的「均」実現に必要不可欠な制度であったが、それを受容した日本では、隋唐の制度の形式的な受容に止まり、土中観念や地域的「均の理念」を背景とするというその精神までは理解できなかった可能性が高い。

さて、こうして地域区分がほぼ『周礼』的精神によって実施された後、北魏では土地についても「均の理念」＝「平均の理想」を実現しようとし、それが実施に移された。「均田」制である。前漢末に現れた「均田」という言葉は、その後、西晋時代の占田課田制で、官品の高低に比例した土地所有規定が制定されて、ピラミッド型の身分階層に対応した土地制度として事実上スタートしていた。しかし、いまや北魏孝文帝時代（在位四七一〜九九年）には、言葉の上でも「均田」制として開始されたのである。

この時代、孝文帝や官僚たちは、孔子の言葉である「均しからざるを患える」ことこそが政治の要諦であるという認識をもっており、地域区分・郷里制度・俸禄支給・土地制度・税役制度など全般にわたって「均」「平均」実現を理想とし、それによって「太平」実現をはかるべきであることを主張していた。

この「均田」制は北魏以降、唐代まで継承され、その間にかなり制度の変化があった。しかし、基本的に、身分の上下に応じた土地支給規程と、民衆レベルでの一夫婦あるいは一成年男子を支給対象とする点は、変らない。「井田」制こそが理想なのであるが、土地の完全な井字形への区画と貴族・有力者所有の土地区画と国家への回収は困難であり、また聖制とされる「十分の一税」だけの徴収では財政困難になる。そこで、聖制たる「井田」の実施はあきらめ、「均の理念」＝「平均の理想」を実現できる「均田」としたのである。

『周礼』には「井田」という言葉は見られないが、その土地諸制度は「聖」なる「井田」制であると広く認識されていた。それらが実施され、税役の公平な負担が実現されることによって「大均」となり、「大均の礼」が実現するのである。要するに、『周礼』的理想では、「井田」＝「均田」なのであり、この「均田」はもちろん階段状ピラミッド構造をもち、底辺を支える民衆においては均等な土地所有を前提とするものである。

しかし、『孟子』的なきっちりとした「井」字型の井田制こそがベスト「井田」制だとも考えられていた。そこに、『孟子』的「井田」ではないことを明確に認識した制度として「均田」という言葉が使われた理由があった。一方、『周礼』に記載された民衆への均等な土地支給と封建制的身分制に応じた土地所有が「聖なる井田制」とも認識されていたから、君主や官僚たちの中にはあえて「井田」という言葉を使う場合もあったのである。従って、「井田」も「均田」も土地支給の制度であり（実質的には土地所有制限の機能も果たすことになるが）、まさしく『周礼』が理想とする土地制度であったといえる。「均田」制には「還受」規程があるが、これは、前述のように儒教経典に次ぐ地位にあった『漢書』食貨志上の記述を根拠としたものとみられる。一般の土地支給規程では、民一夫婦に対して百畝（一頃）の土地が支給されるべきものとされた。

孝文帝は、「均田」制度などの諸制度制定段階でどれだけ指導性を発揮できたかは分からないが、諸方面で「均の理念」を政治の実際面に実施しようとした。その「均」の政策の中でも重要なものとして行われたのが、平城から洛陽に遷都することであった。こうして『周礼』が理想とする「土中」への定都が完成し、地域区分上の「均の理念」は完全なものとなる。この後、孝文帝は、胡人と漢人の融合政策であり、新貴族創出政策でもある姓族詳定（胡・漢の貴族の家格を定めたもの）も進めたが、それは民族的「均平」を実現するためのものであった。

また、「均田」制とセットになっている税役制では、一夫婦を単位とする均賦制が行われており、「均」「平均」あるいは「均輸」（均等な税納入）を実現するものと意識されていた。

なお、「均田」制は日本では班田収授法として受容された。しかし、大部分は唐令に依拠したものの、六年に一度の「班田（土地支給）」「収受」が重要な規定となっていたところに特色があった。土地私有の長い伝統があり、それをいかに規制するかが「井田」「均田」論議の争点となってきた中国と、土地所有の未分化な側面が濃厚であったとみられる日本古代とでは、実に大きな歴史的落差があったのである。

『周礼』的国家制度の実現

北魏が洛陽の繁栄を謳歌する中で、政権の腐敗が進行し、やがて六鎮の乱によって滅亡して、東西二つの政権ができる。このうち、西の西魏（五三五～五五六年）・北周（五五七～八九年）において、中国史上最も『周礼』的な政治制度が採用された。その立役者は、西魏の実権を掌握していた胡人の宇文泰と彼に仕えた漢人官僚蘇綽《そしゃく》であった。

この蘇綽などの手によって定められた官制の全容については、王仲犖氏の労作『北周六典』によって知ることができる。その根幹は、『周礼』と全く同様の天官以下の六官制、上・中・下大夫、上・中・下士という官僚等級制、九命を最高位とする命品制などであるが、**表4**を参照していただくことにして、詳細については省略する。

官名中には地官に「司均」があり、「均田」を担当していたことを名称の上でも明示していた。また、北周では最初『周礼』に依拠して「天王」号を採用したが、すぐに皇帝号とした。また、地域区分においても、「皇畿」方千里の外側に、方一万里内の「蕃服」などを理念的に設定したのも、『周礼』の方形のプランどおりであった。これらは、西魏・北周が全面的に『周礼』的な制度の採用を推し進めたことを示すものである。

さて、こうして全面的に『周礼』的制度を採用した時代に、その統治理念である「均の理念」を官吏層に貫徹する上で決定的な役割を果たしたのが、蘇綽の「六條詔書」であった。地方官の政治心得全六カ条のうち、第六条に「均賦役」があり、そこでは税役徴収における「平均」「均」が強調され、それこそが政治の要諦とされた。宇文泰もこの「六條」を座右に置き、百官・地方官に習熟させた。これに習熟しない地方官は罷免されたのである。

この政治の第一線の場である地方統治で、とりわけ民衆に最も関わりが深い税役面で、「均平」実現を強く求めたことは、この理念・理想が地方の官吏全般のみならず、さらには民衆レベルまでに浸透する大きな契機になり得た。なぜなら、地方官が、三長制という郷里制の各レベルの長に命令を出したり、

表４　西魏・北周の六官制と六柱国・十二大将軍

六官／長官等	天　官	地　官	春　官	夏　官	秋　官	冬　官
長　官	大冢宰	大司徒	大宗伯	大司馬	大司寇	大司空
職　掌	総理・財物	民土・税役	礼儀と祭祀	軍事	裁判と法律	土木と手工
位・命品	卿・正七命	卿・正七命	卿・正七命	卿・正七命	卿・正七命	卿・正七命
当初就任者と出身民族	宇文泰《うぶんたい》 胡人	李弼《りひつ》 漢人	趙貴《ちようき》 漢人	独孤信《どつこしん》 胡人	于謹《うきん》 胡人	侯莫陳崇《こうばくちんすう》 胡人
上大夫	小冢宰	小司徒	小宗伯	小司馬	小司寇	小司空
以下は中大夫クラスの主なもの	司会 御伯（納言） 膳部 太府 計部 など	民部 郷伯（地方にこれ以下の官が多くおかれる） 載師 司倉 など	礼部（司宗） 守廟 典祀 内史 大司楽 など	軍司馬 職方 吏部 左右部伯 兵部 大馭 駕部 など	司憲 刑部 布憲 蕃部 賓部 など	工部 匠師 司木 司土 司金 司水 など

＊このうち、直接的に「均の理念」を表明している官名には、地官の載師の属官に司均（均田担当）、司市（下大夫）属官に均工（市中工匠管理？）・平準がある。
また、魏に始まる官品については、『周礼』と同様に九命を最高位とし、三公（太師・太傅・太保）が正九命、三孤（少師・少傅・少保）が正八命、六官卿が正七命で、上大夫正六命以下が続き、下士が正一命。

＊この六官の長官は同時に六柱国という軍事の最高指揮官でもあった。この六柱国の下に、十二大将軍があり、柱国・大将軍が府兵などを率いた。隋文帝楊堅の父楊忠は大将軍の一人、唐高祖李淵の祖父李虎は柱国が八人に拡大した段階の八柱国の一人。独孤信の娘たちは北周・隋・唐の皇后となっており、この三王朝は姻戚関係にあった。これらを中心とする新貴族集団を関隴貴族集団と呼ぶことが多い。

また税役徴収でトラブルが生じたときには、「不均」であることが最も問題とされ、地方官も郷里の各長も、さらには民衆も、「不均」「均平」に強い関心が集まったからである。

南では貴族層に「均分」相続理念が確立し、やがて法制化されて民衆に「均分」相続理念を浸透させたが、北では「六條詔書」が地方官の政治理念となり、地域社会に「均の政治」を浸透させたのである。

かつて前漢末・王莽時代に『方言』に見えた「平均」は収奪の意味であったが（一一五・一一六頁）、今や民衆は「不均」を訴える道理を手に入れたのである。「均平」を官吏に要求し、さらには自分たちの理念として取りこむのはもう少し時間がかかるにしても、この「六條詔書」による「均の政治」の貫徹は、民衆へ「均の理念」＝「平均の理想」が浸透する重要なチャンネルになったものと考えられる。

隋・唐前期の「太平」論

隋の文帝楊堅（在位五八一～六〇四年）は仏教を篤く信仰し、漢人的伝統に立って胡人重視の政治を廃止し、さらに西魏・北周の『周礼』的政治を大きく修正した。しかしその政治は根本的には儒教を中心とするものであり、その基本精神は『周礼』的精神に基づいたものであった。そのような政治理念は、国家の基本法である開皇律令に凝縮されていた。その中には、ほぼ基本的にそのまま唐にも継承されていった官僚制・身分制・土地制度以下の諸制度が規定されていた。

文帝は、五八九年に南朝の陳を滅ぼして長い分裂抗争時代に終止符を打ち、南北統一を実現した。その強力な政治力を背景として、貴族的官吏登用制度となっていた九品官人法を完全に廃止し、やがて中国の官吏登用制度の柱となる科挙制を開始した。また後漢末以来の良銭と悪銭による貨幣流通の二重構造という負の遺産を、良銭である隋発行の「五銖」銭によって悪銭を駆逐することによって清算して「貨幣統一」を成し遂げた〔山田『貨幣の中国古代史』〕。このように大統一国家に相応しい大改革を実行したのである。

土地制度においては、文帝は隋独自の「均田」を推し進め、子の煬帝も同様に「均田」の命令を出している。また、文帝は穀物備蓄・価格調整に関わる「常平」の官も置いている。「常平」は、前述のように前漢の宣帝時代に実施された制度であった（一〇二頁）。このように、「均」「平」の政治は前代同様実施された。さらに煬帝が「土中」洛陽を首都とする「畿内」制度を採用したことは前述したとおりである。

天下統一を果たしたという自信は、開皇十四年（五九四年）の詔に見える「天下大同」という言葉に明瞭である。しかし、泰山での封禅を行って天に「太平」実現を告げるべきだという臣下の提案には首を縦に振らなかった。徳に耐えないとして、泰山山麓で祭るだけにとどめたのである。ただ、音楽の面では、臣下が「太平」に相応しいとしたものを採用している。ほぼ「太平」「大同」を実現したという自負心はあっても、聖人と比肩するのは気後れがしたのであろうか。

煬帝の高句麗遠征失敗などによって隋は六一九年に滅び、その前年の六一八年に唐が建国した。唐は隋の諸制度を継承し、長安城・洛陽城・大運河など隋の遺産をそのまま手に入れた。武徳四年（六二一年）五月には、高祖李淵の次男李世民の活躍で洛陽及び河北方面を手に入れ、「天下、略《ほぼ》定まる」状況となった。その直後の七月に、「開元通宝」銭を発行して、「開元」すなわち新たな国の「元《もとい》を開く」ことを天下に示したのである。

唐になっても、「均田」や均賦制を始めとする「均」の諸制度は継承された。都長安からはるか遠い西州（現新疆ウイグル自治区吐魯番）においても、墓中から発見された「トゥルファン文書」の中に「均分し訖《おわ》る」という文が見え、一人一人の土地の「分」を均等にしたという意味で使われていたし、戸等（各戸の資産額に応じた等級）の確定に関する文書にも、「平」と「均平」が強調されていた。蘇綽の「六條詔書」の精神が、郷里社会に深く浸透していたことがわかるものである。

この税役徴収の基準となる戸等に関しては、皇帝の詔勅においても、法律においても、「不均の嘆き」や「貧富不均」にならないよう、「平」「均平」を強く求めていた。また穀価安定策である常平倉でも、その運用には「均平」が強く求められていた。

さて、唐王朝初年の玄武門の変という政治的大事件では、次男の李世民は皇太子である兄及び敵対する弟を殺し、父の高祖を幽閉する形で即位した。これが名君とされた第二代太宗（在位六二六～四九年）である。その政治は、「貞観の治」といわれるほど安定した。天下統一と政治・民生の安定、そして諸制度の整備等々、まさに「太平」にふさわしい。太宗は歴史的評価を非常に気にした君主であり、国家の歴史編纂担当官が行った歴史記述にたびたび口を出した。太宗周辺では、隋の文帝時代は「太平」ではなく「升平」であり、太宗時代こそ「太平」だという認識であった。それが歴史書編纂にも強く現れ、隋の歴史書である『隋書』の記述に影響し、隋文帝の時代が「太平」ではなく「升平」のレベルに過ぎないことを強調しているのである。

その太宗にとって、「太平」実現者として評価される東岳泰山（古来の霊山として東岳泰山以下、中岳嵩山、北岳恒山、西岳華山、南岳衡山の五岳がある）での封禅は、ぜひとも実現したいものであった。しかし、泰山封禅を実行しようとしたが、二度にわたって彗星や水害という天変・災害によって中止のやむなきに至ったのである。太宗にとっては極めて心残りであったと思われる。

その父の無念を晴らしたのが、武照（則天武后）を皇后とした高宗（在位六四九～八三年）であった。顕慶五年（六六〇年）には朝鮮半島の百済を滅ぼし、隋煬帝が三度の大軍派遣でも征服できなかった高句麗を攻略するための南方の基地とした。そして遂に総章元年（六六八年）九月に、高句麗を滅ぼし、唐の東アジア全域での覇権が確立したのである。ちょうどその間、乾封元年（六六六年）正月に、武后の強い薦めを受けた高宗は泰山封禅を挙行した。これによって年号も「乾封」に改めたのである。

武照が皇后となった永徽六年（六五五年）の翌年には、亡くなっていた武照の父に周国公という封号が贈られたが、その「周」という国名については、彼女の強い希望によったものとみられる。これは、彼女が早くから『周礼』に記載されていると信じられていた周的な政治・制度と理想に関心をもっていたことを示すであろう。

武照が完全に実権を握っていた光宅元年（六八四年）の官制改革では、官名を大幅に改め、尚書六部の吏部（官僚の人事を担当）以下を『周礼』と同様の天官などに改めている。そして天授元年（六九〇年）九月九日の重陽の日に即位する。国号は右の封号によって周とされたが、周的政治実現への強い意志が示されたものであった。首都は彼女が「神都」と改名した洛陽である。洛陽は「天地の中であるから、地方からの貢賦が均等になる」からであるという説明がなされた。これは、いうまでもなく「土中」観念の強い表明である。

その王宮の中心には巨大な明堂がそびえており、三層のうち下層が四角形で四時（春夏秋冬）を示し、中層が十二角形で十二辰（子から亥までの十二時）を、上層が二十四角形で二十四節気（夏至・春分など）をそれぞれ示しており、世界の時間は土中洛陽で皇帝が管理すべきものであった。

「周」を建国し「太平」を実現したことを天下に示すために、彼女も封禅を行う。東岳泰山ではなく、中岳嵩山を「神岳」と改名し、封禅を行った。そして、その年を改元して万歳登封元年（六九六年）とした。

また、久視元年（七〇〇年）七月七日にも嵩山の神に祈ったことを示す金製の簡が一九八二年に発見された。それには「大周圀《（国）》主武曌《（照）》」とあって則天文字が使われ、道教的な内容の文であった〔楊育彬『河南考古』〕。このように、則天文字を作ったり、官名その他を改めたり、文字にこだわったりするところは、王莽とよく似ていた。

神龍元年（七〇五年）二月、武照は退位し唐が復活した。やがてその後の混乱を収束した玄宗（在位七一二～五六年）は、唐初の開国の「開元」に対する唐王朝中興を意味した「開元」という称号を臣下から贈られ、次いで年号も「開元」とした。そして、開元十三年（七二五年）に泰山封禅を行った。後代「開元の治」とも称されるような政治の安定によって、「太平」が実現されたと強く意識していたのである。

しかも、玄宗は、周公の政治に自らの政治を比肩させようとして、『周礼』に相当する『大唐六典』と、『儀礼』『礼記』に相当する『大唐開元礼』とを編纂させた。こうして開元時代の礼の経典が完成した。これらの編纂は、封禅とともに天下に「太平」を示す大事業だったのである。

しかし、いつの世でも「太平」は長くは続かない。玄宗は、年号を天宝と改めて以降、急速に道教信奉を強め、また楊貴妃との生活にのめりこんだ。そして、天宝十四載《さい》（七五五年。「年」の代わりに「載」を使ったのは道教の影響による）十一月范陽（幽州。現北京）に安禄山が反乱を起こして、玄宗の太平の夢は完全に破られ、唐は滅亡寸前にまで追い込まれた。安禄山から史思明へと反乱は継続したため、この大反乱を安史の乱（七五五～六三年）という。

この安史の乱以降、八世紀後半から九世紀は、中国社会全体が大きく転換した時代であった。経済活動が強まり、土地の売買が進み、各種産業が興隆した。唐前半に見られた胡風すなわちソグド風（唐代では「胡」は多く、今日のウズベキスタンのアム川・シル川流域のソグディアナに住んでいたソグド人を意味した）の文化は次第に影を潜め、中国的伝統的な文化に回帰する。思想的にも、仏教や道教に対して儒教復興がはかられ、文体もまた漢代の文である「古文」への復古がはかられた。その中心にいたのが、韓愈（字退之）であった。

いささか話が進みすぎた。我々はここで、歴代の政治意欲の強かった皇帝たちが、いかに「太平」実現と、その天下への誇示に腐心していたかを確認しておきたい。周的徳治の観念では、儒教的ユートピアを実現して封禅を挙行すべきだったのである。

「均田」の意味変化

唐前半の国家を支えた「均田」・均賦制度は崩壊し、土地の売買が加速された。また安史の乱後の財政難の下、数え切れないほどの税目が設定されたが、そのような土地所有の不均等に対応し、かつ多種多様な税役制を整理できるような税制が摸索され、最終的に建中元年（七八〇年）の両税法にまとめられた。

両税法の基本精神だけを述べると、土地所有に対応した穀物税と富（土地や財産）に対応した税銭徴収であった。この両税法においても、その税額割付において「均」が求められていた。しかし、唐前半の「均田」・均賦制のような身分に対応した形式的・理念的に均等な土地と税役という「均」ではなく、現実に所有する土地と富に対しての「均平」な徴収（従って税額は各戸別々になる）が求められたのである。

つまり、「均田」時代のような身分的均等、成年男子の均等な労働力観念に立った形式的・固定的・静的な「均」に対して、両税法時代は土地・財産（貨幣）に対応した実質的・変動的な「均」となったのである。

このため、両税法施行以後の唐代後半にも「均田」という言葉が使われたが、それは土地に対する課税均平を実現する意味であり、その意味内容を「均田」制時代とは全く変えてしまったのである。むしろ、実質的に「平均」であることを官民ともに強く求めたため、「均田」制時代以上に「均平」という言葉が強く意識されるようになったと言えるほどであり、それはこの時代の官僚である陸贄や元稹の上奏や議論に明瞭に見られる。

このような政治における「均」の意味変化の中で、民衆にさらに深く「均の理念」＝「平均の理想」を浸透させたのは、宗教的チャンネルによるものであった。

仏教の「平等」観念

中国社会に仏教が入って以降、その壮大な世界観や輪廻転生観念などが思想的に大きな影響を与えた。その中で「平等」という言葉が、中国の知識人の間で仏教理解の鍵として使われていた。彼らの文中に見られる「釈氏（仏教）の真教、平等を宗となす」「如来平等の教え」などの文言がそれを示す。早く中国語に翻訳された『涅槃経』には「悉皆平等、差別ある無し」とあり、『金剛経』にも「是《こ》の法平等、高下ある無し」とある。中国的「均」・「平」観を受けつつ、衆生は一切全てが仏と等距離であるという「平等」という言葉が造語されたのである。

南朝・梁武帝（在位五〇二〜四九年）は、儒学・仏学を始めとして学問に優れた皇帝であった。晩年には仏教にのめりこんだが、一方では儒教的理想への思いも強く、明堂での儀礼も心がけていた。武帝は、都建康（現南京市）の同泰寺において盛大な法会をたびたび開いており、それは「平等法会」「平等会」あるいは「無遮大会《むしゃたいえ》」などといわれ、道俗・貴賤・上下の別なく、一切に対して仏法を講じ、功徳を施すものであった。

仏の広大な慈悲の前には、あらゆる者が「平等」で、一切の差別はないとするこの仏教の教えは、このような目に見える形でいわば実演されて、民衆にも浸透した。また南北いずれでも、胡人・漢人や貴族・庶民を問わず、死者の供養と現世の平安のために、石窟に仏像を刻し、また小持仏を作り、あるいは写経した。敦煌文書にもこうした写経が多く見られる。北朝後期には末法思想が流行し人々は不安の中で必死に仏の加護を求めたが、そのことも一層仏像作成や写経などを促進した。

儒教的なピラミッド型の身分階層に即した「均平」「均」「平均」とは異なり、仏教的「平等」観念はそのような身分階層を一切否定してしまうのである。

この仏教的「平等」観念は、社会的身分階層否定や現実否定による「革命」の動力になりうるものであるが、現実政治においても、儒教的「均平」実現要求とあいまって、不公平除去の主張として使われることになる。そのチャンネルに王梵志《おうぼんし》が想定される。

王梵志と「均」「平等」

王梵志は、生卒年は知られないが、唐前期の民間詩人であり、その詩の多くは敦煌文書によって知られる。彼の詩は、仏教的色彩が濃厚であるが、題材を郷里の社会生活に取り、かつ表現も通俗的であり、広く民間に流布した。また菊池英夫氏が指摘するように〔菊池英夫「唐代敦煌社会の外貌」〕、王梵志の詩「貧窮田舎漢」が山上憶良の「貧窮問答歌」の元歌になった可能性が高く、中国のみならず、使節や留学生を通じて周辺諸国にももたらされ、影響を与えたものとみられる。

この王梵志の詩では〔朱鳳玉『王梵志詩研究』、張錫厚『王梵志詩校輯』〕、郷里社会における税役徴収の現場での「不均」を批判し、官吏の下で実務にあたる里正《りせい》などに対して、貧富や各戸の状況を十分に勘案した「均平」で「平等」な措置を求めている。もちろん仏教本来の意味での「平等」の使用例もあるが、民衆にとって日常的で、しかも切実な問題に対する、この「均」「平等」の主張は極めて理解しやすかったものとみられる。

それ故、王梵志の詩を愛唱した人々は、「均」「平等」を郷里で税役徴収を担当した里正などにも求めることにもなったはずであり、このような形で、かの蘇綽の「六條詔書」の精神は一段と浸透することになったものと考えられる。

こうして、支配階層の「均の理念」＝「平均の理想」と、仏教に起因する「平等」観念を、民衆に分かりやすい形で詠った王梵志の詩というチャンネルによって、唐代前期以降「均の理念」＝「平均の理想」は確実に社会に広がった。

整然とした体系性を持って、いわば動かないものの上に諸制度が構築された時代から、貨幣経済の拡大、社会変動、大土地所有の進展等々、動くものの上に支配体制を構築しなければならなくなった八世紀後半から九世紀という大変動期には、文化面でも保守化・中国的伝統回帰が強く見られるようになった。

先に挙げた韓愈がその代表である。彼は、外来宗教である仏教と、中国伝統の神仙思想などを核としてあらゆるものを混合した道教とを強く批判し、儒教の復興を主張した。『礼記』の大学篇を前面に出し、「修身斉家、治国平天下」（修・斉・治・平いずれも「おさめる」意味）という文言に有名であるが、政治の根本は「修身」にあるという道徳主義を打ち出したのである。

マニ教と「太平」

会昌五年（八四五年）、「会昌の廃仏」といわれる仏教に対する大弾圧が行われた。このときちょうど唐に渡っていた慈覚大師円仁も、還俗させられて帰国した。その生々しい記録が、彼の日記である『入唐求法巡礼行記』である。

この弾圧以降、禅宗と浄土宗が盛んになったといわれる。特に禅宗は、仏を自己内部に発見する自己修養の精神が強く、これは宋学にも強い影響を与えている。韓愈の修身主義も、禅宗的自己修養と無縁ではないだろう。

しかも、この弾圧は仏教だけに止まらず、各種外来宗教に及んだ。とりわけマニ（摩尼）教に対する弾圧が厳しく、多くの殉教者を出したといわれる。マニ教は、光（善）と闇（悪）の二元論により、光明を求め、徹底した禁欲主義に立っていた。唐では、二元論なので「二宗教」ともいい、また「光明」が強く前面に出されていたので「明教」とも称された。唐では長安に「大雲光明寺」が立てられ、また教徒が着した白い衣服のために彼らは「白衣白冠の徒」とも呼ばれた。

仏教における弥勒仏は、釈迦入滅後五十六億七千万年後に出現して衆生を導くといわれ、「弥勒仏下生」（この世に姿を現すこと）による救済が待望された。則天武后武照が即位するにあたっても、彼女が弥勒仏の下生だと宣伝したのである。それと同様に、マニ教では「光明」をもたらす「明王」がメシアとして待望される。このように、「明」字がマニ教的特殊な意味合いを持っていることを注意しておきたい。

マニ教は、地域的には現在の四川省方面と長江以南に広まった。この長江下流域を中心とするいわゆる江南地域には、古くから神鳥に関する伝承があった。その神鳥は四目三足で「羅平天冊」と鳴き、この世の災いを払い、「太平」をもたらすといわれ、人々の信仰を集めていた。この神鳥による救済と、「明王」による救済、及び「太平」への希求とが、結びつく。

最初の現れは、唐後期の反乱の中に見られた。諸反乱の先駆けとなった現在の浙江省方面で起こった裘甫《きゅうほ》の乱（八五九〜六〇年）では、甫は「羅平」と改元し、印鑑の文字も「天平」とした。この「天平」は「羅平天冊」と「太平」が結合された意味を持っているとみてよいであろう。さらに、淮河流域の徐州（現江蘇省徐州市）を中心とした龐勛《ほうくん》の乱（八六八〜六九年）では、その称号を「天冊将軍・大会明王」としたのである。ここに、明瞭に神鳥羅平信仰と明教との結びつきを見ることができる。

その後も、浙江省方面で董昌が「大越羅平」国を称し、「天冊」と改元し、自らを「聖人」と呼ばせ、その宮殿などにも「天冊楼」「明光殿」という名称を付けている（八九五年）。このように、マニ教が江南社会に深く食い込んだ状況を知ることができる。そしてこれはさらに仏教とも結びついてゆく。

『転天図経』、一名『天台山五公菩薩霊経』といわれる書籍がある。これは五代・呉越国を建てた銭鏐の即位へ向けて、世論形成のために作られたといわれるものである〔柯毓賢「『転天図経』考」、喩松青「『転天図経』新探」・『民間秘密宗教経巻研究』〕。そこには、「明王が出世し」「聖主」となり、「羅平」と号して「太平」を実現し、その社会では貧富なく「平等」であり、皆「白の衣裳」を身につけるとあり、さらに、「心が平であってこそ太平を得る。太平の人は心が平であり、天平となるのは政治が平であることによる」とも述べる。

弥勒仏下生、明王出世、羅鳥出現、「太平」「平等」、これらはマニ教を核として、仏教や民間信仰、さらには儒教的・道教的な「太平」理想などを、融合したものといってよい。鍵は明王の出現である。これは、以後の反乱の理念的支柱となる。

このように、マニ教の濃厚な影響下に、「均の理念」＝「平均の理想」は反乱の理念ともなってゆく。一方、この唐末年、それとは別な「均の理念」を掲げた反乱者は、王仙芝であった。

「天補均平大将軍」――反乱の理念――

唐末、全中国を巻き込んだ大反乱が王仙芝・黄巣の乱であった（八七五〜八八四年）。両者はともに、専売制下の厳しい取締りの中で行われていた塩の密売に関係し、始めは黄河流域を、さらに移動範囲を拡大して江南から広州（現広東省広州市）まで南下し、また北上してついに洛陽・長安を陥落させた。

最初のリーダー王仙芝は、「天補均平大将軍」と号したという。この「均平」という称号は、宋以降の「均産」をスローガンに掲げた反乱の先駆けとされて、研究者によって早くから注目されてきた。特に戦後中国や日本では農民反乱が大きな研究テーマになったが、その中でも大きな論点を提供したものであった。

この大反乱は、中国の歴史上、最初に「均平」を称した反乱となったことは確かである。「太平」の理想実現というよりは、儒教的・『周礼』的「均の理念」＝「平均の理想」とその地方官以下への浸透、仏教の平等観念、王梵志の詩による民衆への拡がり、また両税法時代の「均」の重要性、それらが複合して、現状打開のキータームとして「均平」が選ばれたと考えられる。つまり、この「均平」号は、このような多くのチャンネルによったものであったと考えられるのである。

しかし、王・黄二人をリーダーとするこの大反乱はすさまじい略奪と急速な移動とを特色とし、一つの都市を略奪し終えるとすぐに別の都市に向った。これは、流寇主義といわれる。そのため、彼らの間で略奪物を分配する際には「均平」の実現はありえたにしても、支配地域を拡大して、そこにおいて土地を始めとする「均平」を実現するということはなかった。この点は確認しておく必要がある。

王仙芝が倒れた後リーダーとなった黄巣は、広州まで南下して多数のイスラム教徒を殺害した。ここから北上を開始して長江を渡り、その段階で「衝天大将軍」と称し、さらに「率土大将軍」と称して流寇主義を清算して支配者への道を歩み始め、洛陽・長安を手に入れ建国した。国号は「大斉」である。なお、「衝天」「平天」など「天」がつく大将軍号は道教の経典にも見え、どちらが先かは問題があるが、あるいは道教経典との関わりも考えられるかもしれない。

この即位段階では、黄巣はかつての王仙芝の「均平」と同じ理念の実現を考えたかもしれない。それについては史料に何も見られないが。

この政権は短期間に終わることになる。黄巣軍団の有力武将の唐への投降があり、またトルコ系の沙陀族の李克用の圧迫を受け、やがて黄巣は死亡する。なお、この李克用は「獨眼龍」と称されてその勇猛果敢さを恐れられ、「鴉軍」といわれる真っ黒な甲冑をまとった強力な軍団を率いていた。日本中世から近世にかけて奥羽を中心として活躍した伊達政宗は、若い頃この李克用と同様「獨眼龍」たろうとし、自ら黒一色の甲冑を着して、黒の軍団を編成し、「天下」を目指した。しかし、豊臣秀吉の「天下」と徳川家康の「天下」の前にその「獨眼龍」の爪を収めざるを得なかったのである〔山田「伊達政宗の「獨眼龍」」〕。

さて、王仙芝の「均平」は、その実情はともかくとして、反乱者側が「均の理念」＝「平均の理想」を掲げた画期的なものであった。前漢末・王莽新代の『方言』に記された収奪の意味での「平均」は（一一四・一一五頁）、いまや支配者を打倒して「均平」をもたらす理念に転換したのである。

この間、「均の理念」＝「平均の理想」は、『周礼』的政治を真摯に実行・実現しようとした北朝以降の地方社会への浸透、強い仏教的「平等」観念をもって民衆にいわば布教した王梵志、両税法以降の税役徴収の現場での「均」など、それぞれのチャンネルを通じて、社会に広く浸透し、民衆の理念ともなっていった。

古来、常に支配者側の収奪の仮面にしか過ぎなかった「均の理念」を逆手にとって、以後の時代には「均産」的「平均主義」へと向うのである。これについては次章で述べたい。

トピック4

均分相続と現代

「均分」相続は、中国社会の父系的血縁組織の要をなす。「均分」相続自体は、イスラム法にもあり、女子にも男子の半分の相続分を認めた。これに対して、中国では完全な男系・父系による「均分」なため、男子のみが「分産」（財産分与）の対象となる。なぜなら、祖先から子孫へという「血」の流れは、そのまま「気」の流れでもあり、この「気」は男系のみが継承し、それ故祖先祭祀も男子だけが行うことができる（「承継」という）からである。

これが原則であり、戦前、満鉄（正式称号は南満州鉄道）が中心になって占領下の華北で行った中国農村慣行調査でも、「均分」が一般的であったことが農民から話され、「均分」に関わる文書も記録されている。しかし、一九四九年の新中国成立以降の法律によって、男女平

分書

兄某告弟某甲□忠孝千代同居
今時淺狭難立始終□?乖角不守
父條或有兄弟參商不□大體既欲分荆
截樹難制頹波駕?領分原任?從素?意家
資產業葑(對)面分張地舍??人收半分
分枝各別具執文憑不許他年更相鬪
訟鄉原體例今亦同塵反目嫌レ憎仍須禁
制骨肉情分汝勿違之兄友悌(弟)恭尤須

敦煌文書・スタイン4374の「分書」（釈文は仁井田陞氏の研究による［仁井田陞『補訂　中国法制史研究　奴隷農奴法・家族村落法』569頁］）

轉厚今䵺(對)六親商量底定始立分書
既無偏坡将爲後驗人各一本不許重
論
　某物　某物　某物　某物　某物
　車牛羊駞馬駞畜奴婢
　庄園　舍堂　田地鄉?渠道四至
右件家産並以平量更無偏黨絲髪
差殊如立分書之後再有喧悖請科重罪
名目入官虛?者伏法年月日
　　　　親見
　　　　親見
　　　　親見
　　　　兄
　　　　□(弟?)
　　　　□(姉?)
　　　　妹

等に基づき女子にも相続権が与えられた。父系的家制度・宗族（始祖を共通にする血縁集団）は壊滅的影響を受けた。そのため、たとえば劉氏・趙氏などの宗族ごとの廟も維持されなくなった。ところが、近年急激に進む改革開放政策の中で、再び宗族が力を持つようになってきたといわれ、宗族の廟や各種神廟が復活しているようである。

この女子相続問題は、香港でホットな問題となった。イギリスの植民地としての香港は、香港島と九龍半島だけであり、今日の香港の大部分を占める新界が九十九年間租借されて香港全体が維持されてきたが、この新界の租借期限が一九九七年であったため、イギリスも植民地を維持することを諦めたのである。

香港においては、イギリスの法律の精神を実現していたため男女平等である。しかし、新界では租借時点からの新界居住民の抵抗もあって旧中国の慣行がそのまま維持された。男子均分相続もそのまま行われたのである。こうして、新界では旧中国社会がそのまま温存された。そのため旧中国社会研究にとっては格好のフィールドを提供してきたのであり、文化人類学・社会学などの研究が多く行われ、また現在も行われている。

それに対して、一九九四年、香港立法局は修訂を行い、新界においても男女平等の相続権を規定した。この間、修訂前も修訂以後も、新界住民の強い抵抗で、大いに混乱した。中国政府は国内では男女平等なのに、香港については新界の住民の肩を持った。

新界住民は土地を有し、そこに立派な別荘を建てて、都市部の人間に貸したりして、大きな利益をあげている。男系だけで財産の分割を行わない形で維持すると、その収益も大きいであろう。現実的利益と古くからの家族・宗族意識がないまぜになって、これからも問題化する可能性が高い［深尾葉子「遅れてきた革命」］。

宗族復活が顕著な中国においても、この問題は潜在している可能性が高い。しかし、新界を含めた中国の人々も、男子均分相続が太古から変ることなく続いてきたのではなく、魏晋南朝の貴族社会で確立したことを知れば、男女平等を是認せざるを得ないであろう。

なお、敦煌文書に見える財産分割文書である「分書」の一例をあげておいた。これは分書の雛型である。冒頭に「分書」と記載し、「平量」という言葉が使われ、均分を実現することを求めている。三行目下から四行目の「分荆截樹」は、南朝梁の呉均『続斉諧記』に見える兄弟均等分割の故事を踏まえている。呉均は「前漢」時代のこととしているが、実際は南朝時代の観念を濃厚に反映したものであった〔山田「中国古代の「家」と均分相続」〕。そこでは「平均如一」と書かれるほど徹底した均分が行われようとし、堂前の生樹さえも分割の対象となり、紫荆樹が憔悴して枯死しそうになったので、それを見た兄弟が分割をやめたというのである。なお、清代の分書などには「均」の文字が見られるものも多い。

第五章　革命と反乱――「均の理念」を掲げて――

革命と反乱

「革命」とは、「天命を革《あらた》める」意味である。これは中国・日本で revolution の訳語として定着する。しかし、本来的には、中国古代の周が殷に代って天下を得たとき、それを正当化するため、徳を失えば天は見放し、新たに徳のある者に天命を下したと考えられたことによる言葉である。すなわち、「革命」とは新たな王朝の創設を意味した。

大小の反乱は、革命に至らずに敗北した歴史でもある。その意味では革命と反乱は紙一重、あるいは同一物の両面である。

明（一三六八～一六四四年。残存勢力の南明は一六六二年滅亡）末の李自成は陝西省方面で反乱を起こした。「均の理念」を掲げて支配地域を拡大し、やがて北京を陥落させる。しかし、北京東北の山海関方面で満州族の清と対峙していた呉三桂が清に下り、清と呉三桂軍の圧迫の前に滅亡した。このような対外的状況がなければ、李自成は新たな王朝を開いたかもしれない。革命に至らず敗北した一例である。

一方、この明を建国した朱元璋は、モンゴル王朝の元に対して反乱を起こした白蓮教系の紅巾の乱の中から遂にリーダーとなり、「大明」を建国して、元王朝を北方モンゴル高原に駆逐した。反乱者が革命を果たし、皇帝となった成功者の例である。

同様に、孫文も中国同盟会を組織し、なんども失敗を経験しつつ革命活動を続け、一九一一年の辛亥革命後、中国に帰り中華民国を開くが、政権は袁世凱に奪われた。その後も広州を拠点として反袁活動などを展開したが、彼の生前に全中国の統一は果たせなかった。それでも、孫文は後に中国「革命の父」として極めて高い地位が与えられた。それには、中華民国を握った蔣介石が、その実質はともあれ、孫文の政治の継承者として自己を正当化したことと、中国共産党も国共合作に際して孫文を高く評価したという経緯があったことが大きく作用したのである。

この直前には、南京を天京とし、「太平」実現に邁進した太平天国の巨大な運動があった。この太平天国運動も「革命」にまで至らずに力尽きているが、それには西欧諸国の干渉も影響した。孫文は外国の力を様々な形で利用したが、太平天国の時点では、諸外国は「革命」よりも清朝存続による利益確保の方を選んだのである。

このように、「革命」を成し遂げた者は、旧中国では新たな王朝を開き、近代においては革命家として人々に記憶された。旧中国では、皇帝支配以外に新たな支配・社会体制を構築することはできなかったが、西欧的政治理念や諸知識の流入以降、共和制などの政治体制や選挙制度などに大きく目が向けられたといえる。

そして、これら失敗した者、あるいは成功した者、いずれにも改革のスローガンとして「均の理念」＝「平均の理想」が高く掲げられていた。まさに革命あるいは宗教的ユートピア実現の方策として、あるいは困苦に満ちた現実打開の具体策として、また「平均主義」的心情を有する農民に呼びかけるスローガンとして、「平均の理想」＝「均の理念」は、大きな役割を果たしたのである。

これに対して、官僚・知識人などの支配者層も、古代以来の政治による社会的・経済的な「均」を実現していくだけではなく、在地社会にあっても絶えず「均」の実現を心がけるようになる。社会全体に関わる政治的「均」は皇帝・政府によって絶えず強調されるが、日常的レベルでの「均」の実現が民心安定につながり、それが地主・知識人をリーダーとする地域社会の安定につながったのである。

前章で見たような様々なチャンネルで、「均の理念」＝「平均の理想」は確実に民衆レベルにまで拡がり、五代・宋以降には、まさに中国の人々の血肉化し、支配者と民衆相互が、互いの「均の理念」＝「平均の理想」を持って対峙するまでに至ったといってよい。

本章では、この理念に関わる政策の実施についても見ながら、これら革命と反乱における、「均の理念」、「太平」あるいは「ユートピア」の諸相についてみようと思う。

均産的反乱――土地所有を平均にせよ――

五代最後の王朝後周（九五一～六〇年）の軍司令官であった趙匡胤は、英傑であった世宗の死直後の危機に、兵士から推戴されて宋（北宋九六〇～一一二六年。南宋一一二七～一二七九年）の皇帝位に即いた。宋の太祖（在位九六〇～七六年）である。

太祖の死後、太祖に子がいたにも関わらず弟の太宗（在位九七六～九七年）が即位したが、太祖の死には暗い噂が絶えなかった。その負い目であろうか、太宗は最初の年号を「太平興国」として、太平実現の強い意欲を示し、五代十国のうち残っていた呉越と北漢を滅ぼし（九七九年）、北方の契丹族の遼（大契丹国は九〇七～四七年。遼は九四七～一一二五年）の圧迫を受けながらもほぼ天下を統一したのである。

こうして宋が王朝の基盤を固めた太宗時代に、「均の理念」＝「平均の理想」を掲げた最初の反乱が起こる。蜀（現四川省）で起こった王小波・李順の乱である（九九三～九五年）。五代のとき、蜀には後蜀（九三四～六五年）があり、豊かな物産を背景として国庫は充実していた。宋はその富を略奪し尽くして東京開封（現河南省開封市）に運んだ。その後も蜀からの富の吸い上げは激しく、特産物である布帛の生産を強要するなど過酷な収奪が行われた。この収奪で民衆は疲弊し、一方、豪民は土地兼併を行って手中の穀物を操作して、穀価騰貴を引き起こしていた。民衆の不満は爆発寸前まで高まっていたのである。

このような状況の中、王小波は「吾《われ》は貧富不均を疾《にく》む。今汝らのためにこれを均しくせん」と称して、反乱を起こした。小波が倒れた後は、彼の妻の弟李順がリーダーとなったが、やがて鎮圧されてしまう。鎮圧後、李順は広州に逃れたといわれる。李順は郷里の富人や大姓などの豪民に対して、各家の人員に見合った必要分を除いて、各家の財産・穀物を没収して貧民に分配したといわれる。反乱における

「均」の現実的ありかたはそのようなものであった。

なお、この蜀地方は前述のようにマニ教の影響があったが、王小波が明教的メシア出現を意識していたのかどうかはわからない。

このように、「貧富不均」を「均」にするというスローガンを掲げた反乱は失敗に終わったが、このスローガンが貧民にとっていかに魅力あるものであったかはわかろう。そしてこれが均産的反乱の最初ののろしであった〔重松俊章「宋代の均産一揆と其の系統」、池田誠「均産一揆の歴史的意義」、侯外廬「中国封建社会前後期的農民戦争及其綱領口号的発展」〕。このスローガンの実現は、体制転換にまでいかないにしても、社会改革の一歩たりうるものであるが、一方、直接的に影響を受ける地主・豪民にとっては死活問題であった。そのため、国家にしても、官僚たちにしても、ともに「均」を実現する政治を強く意識せざるをえなくなったのである。

王安石の「均の理念」と現実

五代後周時代から土地の公平な把握の必要性が叫ばれ、それは「均田」政策として行われ、宋代にも実施された。これは北魏から唐代半ばまで実施されていた原則的に土地を均給する制度であった均田制を意味するのではなく、唐代中期以降の土地の大小に対応した均等課税の税制である「均田」と同じ内容である。

宋建国当初においては、税役徴収の「不均」が問題とされ、太宗は「均平」にすることを強く命じている。両税法時代では、いかに公平な土地・財産把握がなされ、それに対していかに「均平」な課税がなされるかが、問題であったからである。

宋代では、地主─佃戸体制ともいわれるように、大土地所有者の下で耕作する佃戸（小作人）が多く、小土地所有農民が前代に比べて少ない状況にあった。皇帝の「均平」徴収の呼びかけにも関わらず、この土地所有状況にはなんらの変化も起こらなかったので、根本的な解決策として土地改革を提唱する者が跡を絶たなかった。

かっての前漢後期の土地所有制限策のように、三十頃に所有額を限ろうとする限田提案がそれであり、またかの周公が基礎を築いた周の政治の根本精神「均平」の実現は井田制の実施以外にないとした張載（横渠）の提案もあった。

張載の主張は、「井田」とはいっても『孟子』に見られたような方形の土地区画を前提とするものではなく、実質的に均等な土地支給を実現しようとする「均田」であった。宋代に至り、『周礼』的ユートピアを、そのままの形ではなく、その精神において実現しようとする動向が顕著になったといえよう。

国家の側でも、税役の「均平」実現のために、均田使というポストを設けたりした。この「均田」は両税法以降の「税役の均平」の意味である。このような税役の均平に関する史料は枚挙に暇がないほど多く、南宋では、「均」字を付した「均科」法などが実施された。東アジア近世の新儒教の基礎を固めた朱熹（朱子。一一三〇～一二〇〇年）も、地方官僚として「均数の法」などの「均」字の付く税役法を提案し、一部は実施された。

そして、宋代、最も重要な「均」の政治は王安石（一〇二一～八六年）によって行われた。彼の提唱した諸制度を「新法」と総称する。直接的にはタングートの西夏（一〇三二～一二二七年）との戦費が国家財政を悪化させていたため、改革を必須としていたことによるが、「新法」は単に財政・経済のみならず、社会全般にわたる改革を内包していた。

科挙（科挙についても、政治的提案・議論を内容とする出題である時務策を重視するなどの改革をした）のみではなく、学校制度にかなりの比重を置いた官吏登用制度、あるいは試刑法のように官僚に法律知識を求めたこと、倉法のように官僚と胥吏（原則として無給の手数料で生活する吏）とを合一化しようという政策など、これらの政策は、専門性や実務能力を排除しようとする教養主義的官僚が主流の中で、官僚に政策遂行の実務能力を強く求めたものであり、それには知識人・官僚―庶民・胥吏という社会構造そのものを動揺させる可能性が孕まれていた。

太学三舎法（中央の大学である太学の学生を外舎生、内舎生、上舎生とし、それぞれ試験をして昇格させ、上舎生の中で試験成績がよい者を直接官吏に任命した制度）という学校制度においては、王安石の解釈に基づいた『周礼』の注釈書『周官新義』（『周礼新義』）などが国定教科書として学ばれた。王安石は、本気で『周礼』的「太平」＝ユートピアを実現しようとした。しかしながら、やはり時代は『周礼』的制度そのものではなく、その精神をいかに実現するかに変ってきていたとみてよい。『周官新義』や王安石の政策提言の文章には、『周礼』の諸制度を根拠としつつ、現在的課題の解決策が述べられており、そこでの基本精神はやはり「均平」である。その精神に基づいた改革の若干をあげると以下のようなものがある。

「方田均税法」は、一定の広さの土地について等級を定めて税額を「均定」(均等に定める)した。「青苗法」は、常平倉との組合わせで行われた食料・種籾の農民への低利貸し付けである。「免役の法」は「貧富不均」を「均平なること一の如し」とするものであり、これまで役負担のなかった官僚の家や商人からも徴収した。「均輸法」は物資の輸送合理化を実現して、大商人の物資掌握による価格操作を排除するものである。「市易法」は、物資を独占していた豪商の下から小商人を開放して、物資の円滑な流通と、低利融資による商業活性化をはかったものである。

これらはいずれも、大規模な社会改革をもたらす可能性があるものであった。それだけに地主・豪商・官僚などの支配階層の抵抗は激しく、王安石排除にあらゆる手段を使い、後宮方面から皇帝を動かして、ついには宰相王安石を辞職させた。

王安石の改革では、漢代の桑弘羊の均輸平準制や、安史の乱後の財政立て直しをした唐の劉晏の方策が高く評価されており、特に劉晏の情報把握と物資輸送能力掌握による財政経済運営の影響は大きかったとみられる。桑弘羊・劉晏、いずれも実質的な「均」「均平」の実現を策した財政家であった。ここにも、形式的に制度をそっくり同じようにするというやり方ではなく、このような財政実務を十分に考慮に入れつつ、『周礼』の精神を実施しようとした側面が濃厚であることを見て取れよう。

そして、これらの政策に表れた「均」「均平」の性格は、貨幣経済が極めて活発化していた当時の状況をよく把握し、その現実を冷静に見すえて、「復古」＝「建前の均」に徹底したことによって得られた「実質的均」とでもいえる。これをいいかえると、表向きには「建前の均」を標榜して復古の精神（『周礼』的制度実現）を強く打ち出しながら、実際には唐中期以降、財産に応じた税役等の負担をするという劉晏などがとった現実路線である「実質的均」の精神を貫徹させたということになろう。

王安石は、第一級の学者・政治家・知識人・教養人であり、理想に燃えた改革者であった。『周礼』的ユートピアを追求したが、孔子的・『周礼』的ピラミッド型の身分階層に応じた「均」の実現でなく、身分階層そのものを大きく変えようとしていた。反教養主義というよりは、実務能力重視の教養主義的精神の持ち主であったといえようか。

これに対して、王安石に鋭く対立した旧法派（「新法派」「新法党」に対して、それを激しく批判してことごとく「新法」を廃止しようとした人々を「旧法派」「旧法党」という）の代表者ともいえる司馬光（一〇一九～八六年）は、その著作『潜虚』「体図」によれば、**図13**のように、最上段の君主から底辺の庶民に至るまで全十段からなる階段状ピラミッド的身分社会を理想としていた。

そこに見える「一（君主）は万（臣民）を治め、少（士＝知識人）は衆（民＝庶民）を制し、……心は身

図 13　司馬光の『潜虚』「体図」

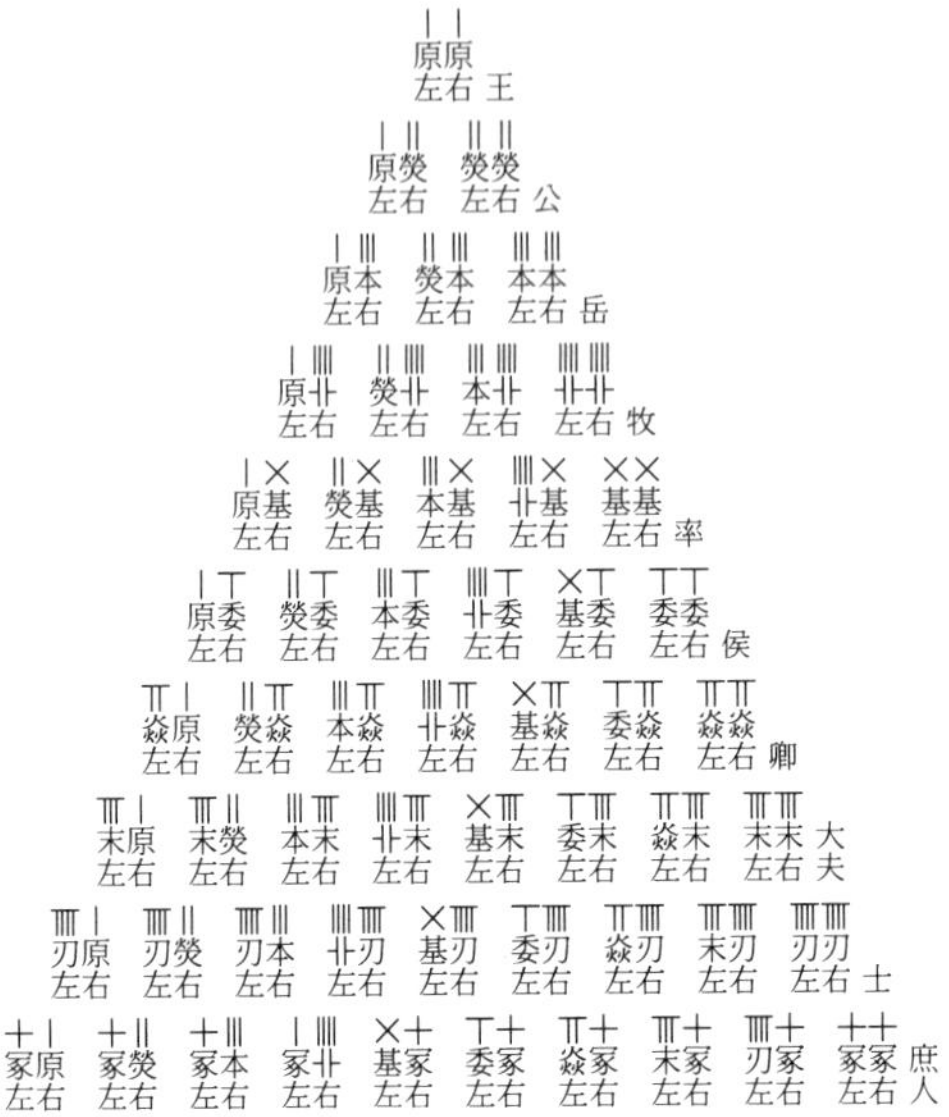

『潜虚』は「万物はみな虚を祖とし、気に生じ、気は体を成す」という考え方の下に図式化し、様々に展開したものである。冒頭にある「気図」に続けてこの「体図」がある。一番上の一等が王に象り、一番下の十等が庶人に象るものとされている。

司馬光は『資治通鑑』全294巻を編纂した学者でもある。新法が次々に実施されていた時代、彼は西京洛陽（宋では東京開封が首都）の編纂所で執筆に没頭した。完成したときの上奏文で「臣の精力、この書に尽く」といったほど、全力を尽くした。また、彼の協力者の劉恕などの力もあって、信頼性の高い歴史書となった。そのため、『資治通鑑』は編年体（時間の経過に沿って記述する歴史書）の代表的地位を与えられた。

体を使い、身体は臂《ひじ》をつかう」という文は、『孟子』にいう「心を労する」知識人である士と、「力を労する」庶民という、士庶の区別に立脚していることを明示している。司馬光にとっては、このようなピラミッド型の身分階層を根底から覆すことにもなる吏士合一策を実施しようとする王安石の新法は、決して容認できなかったであろう。

司馬光自身、地主階層の出身であったし、その他の旧法党の多くも旧来の社会階層を維持しようとしていた。王安石の改革は、いわば国家の側から可能な限りこの世に「均平」を実現しようとしたものであったが、旧法党の人々の意識からすれば、儒教的ピラミッド社会こそがユートピアであり、現実であるべきだったのである。

この後の旧法党と新法党の争いは、北宋の政治力を大きく削ぐことになった。またどちらの党派が権力を握っても、地主・豪商の利益を擁護する状況は変らなかった。元末明初に完成する中国の代表的な小説である『水滸伝』の舞台として設定されているのは、この北宋末の不正・「不均」が激しかった時代である。そして、北宋は女真族の金（一一一五〜一二三四年）によって滅ぼされ、長江流域に南宋が建国した。こうして金と南宋との対峙が始まる。

『周礼』の地位の動揺

宋代は、儒教経典の中でも、『書経』『詩経』などの五経中心から、『大学』『中庸』『論語』『孟子』の四書中心になってゆく時代である。その中で、唐代の歴史書である『新唐書』を編纂した欧陽脩が、最初に『周礼』に対する懐疑を文に表した。『周礼』の記載の矛盾などに対する疑問点を提示したレベルであったが、同様な指摘は、『平土書』を著して「均田」を理想とした李覯《りこう》も行った。

　しかしその後、王安石が新法において『周礼』依拠を強く打ち出したため、新法と旧法の争いに『周礼』が巻き込まれてしまい、偽作、とりわけ前漢末王莽新代の劉歆の偽作説を唱える者、あるいは弁護する者など、議論が沸騰することになった。

　このうち、劉歆偽作説を主張したのは、「井田」すなわち実質「均田」を主張した前述の張載や、司馬光の『資治通鑑』編纂に関わった劉恕などであった。また弁護論を展開したのは、中国の政治・文化・儀礼など全般に関わる政書の一つである『通志』の編纂者の鄭樵及び朱熹（朱子）などであった。朱子は、弟子が彼の言葉を集めた『朱子語類』の中で、『周礼』の「全て信ず」べきことを述べた上で、周公の事蹟であっても周公自ら執筆したものではないとした。また別なところでは、『周礼』は劉歆の偽作ではなく、やはり「周公の遺典」であるとも述べる。ただ朱子は、『周礼』には蛙を扱う官職などがあって、官職が多すぎるとも述べている。

　宋代に行われたこれらの議論を通じて、『周礼』の儒教経典としての絶対的な地位が動揺したことは否めない。とはいえ、『周礼』批判者もそこに見られる統治理念・精神まで否定したわけではない。儒教的ユートピアは、『周礼』の精神を具現した「太平」実現以外になかったからである。

程顥（明道）が、「必ず井田・封建・肉刑を実現しなければならないというのは、聖人の道ではない。……だから善く学ぶ者は聖人の意とするところを得て、その事跡をそのまま採用するようなことはしない」といい、章如愚は、過去と現在は異なるのだから、周の政治をそのまま後代に実施すべきではないと主張した。また羅璧も、長い間「聖制」と意識されてきた「十分の一税」を、古代では必ずしもそれが実施されていたわけではなかったと批判した。

要するに、宋代には、王安石にも見られたように、『周礼』の統治理念・精神を採用することが肝腎だという認識が強まったということができよう。

『周礼』的精神をこの世に実現することによって、『周礼』的ユートピアを実現しようとするのである。その場合、「平均の理想」＝「均の理念」がますます『周礼』的精神の根幹として重要になってゆく。

遼・金・元の「均」の政治

宋と対立した北方の遼や金、さらにはモンゴルの元（一二〇六～一三六八年。元を称したのは一二七一年、明に北方に追われた北元滅亡は一三八八年）でも、「均の理念」は大きな影響を与えた。

遼では、税徴収について「均税法」を定め、戸口把握には「均平」であるべきことを求めた。金では、役の実施に際して富民から銭を「均出」させ、また皇帝はしきりに官吏たちに税役の「不均」を排除し、「均」「平均」「均平」の実現をはかるべきことを求めた。また「常平」制度も実現した。

さらに、金は、唐代の官吏の勤務評定での基準「四善二十七最」を採用して「四善十七最」としたが、唐では四善の第三の「公平称すべし」にのみ「平」字を使用していたのに対して、十七最の第二「賦役均平」、第五「評擬均当」、第十六「処断公平」、第十七「差役均平」と「均」「平」字が用いられている。特に「公」字と「平」との結合である「公平」が重要視されていたことが特筆される。「公平」は、『荀子』王制に「公平は政治をとる者の衡《はかり》であり、中和は同様に縄（曲直を判断する）である」とあるのが早い。しかし、宋代以降、「均」「平」とともに「公」が強く意識されてきたことは明らかである。知識人・官僚は自己修養を重んじたので、倫理・道徳に強く規制された。まさに道学といわれる所以である。そこでは当然「私」の追及は倫理的には具合が悪い。「私」を排して、あるいは「私」を抑えて、天下国家、社会への「公」が倫理的にも求められるのである。

こうして、「公」が強い倫理性の意味あいをもって、「均の理念」を強化することになる。

またモンゴル支配下においても、「均」の政治が志向された。紙幣による物価平準を担当した平準行用庫という役所が設置された。また元の行政全般が記録された『大元聖政国朝典章』には、皇帝の政治を「聖政」とし、それには「均賦役」の項目が立てられていた。この項目には、「均当」「均科」「均平」が要諦であることが強調されていた。また、地域によっては「均役法」も実施されたようである。

ほとんど全貨幣を紙幣によって運用した元代は、伝統墨守の儒教徒にとっては受難の時代でもあった。なぜなら、官僚制度の根幹をなしてきた士（士大夫・知識人）と庶（庶民）の区別を無視するかのような、胥吏が重要視された官僚制が運用され、胥吏出身者が高官に就任したからである。明初の『元史』編纂者が、「刀筆の下吏」が権勢を振るったことを慨嘆しているのは、このためである。しかし、元においても、全面的とは言えないまでも科挙が再開され、そこでは朱子学が依拠すべきものとされ、朱子学は国家公認の学問となったのである。

古代の儒教的理想を指し示したのが孔子であり、中国中世の『周礼』的理想提示者が後漢末の鄭玄であったとすれば、近世の理想提示者は南宋の朱子である。朱子の教えは主知主義ともいわれるように、学問による自己修養が基本であった。「修身」による「平天下」が理想とされたのである。

朱子の著作ではないが、その精神を著したとされる学習課程から生活全般までが書かれた『文公家礼』は、大きな影響を与え、その記事は冠婚葬祭など生活全般について儒学者たちによって「朱子学的なもの」として尊重された。それまでは、宋代の官僚・知識人も葬祭については仏教によることが多かったが、この『家礼』の影響で朱子学の浸透とともに儒教的儀礼に変ったほどである。

そして、中国に限らずに東アジア全域にまで拡大して言えば、朝鮮半島と日本においては次のような状況を引き起こした。すなわち、李氏朝鮮において中国以上に朱子学が権威をもつ形で受容され、より厳格に『家礼』が順守された。日本では江戸時代に、特に第五代将軍徳川綱吉以降、儒学とりわけ朱子学が学ばれ、幕藩的・士農工商的身分社会における上下関係の安定・理論化に一定の寄与をした。

なお、元の科挙では、『周礼』が経義（儒教経典からの出題）から除かれた。これは直接的には「四書」

重視の朱子学の採用とも関係した。しかし、宋代に『周礼』の地位が動揺したことも関わり、また、「土中」洛陽に定都し、地域的「均」、ひいては全社会的「均」を実現すべきだという『周礼』の理念が、今や全く乗り越えられてしまっていたこととも関係する。洛陽の「都」「京」としての地位は、北宋の「西京」を最後として全く失われ、単なる地方都市の一つとなってしまったからである。

なぜ「明」なのか？——反乱者から支配者となった朱元璋——

元においては、蒙古人・色目人（西方系諸民族）・漢人（中国北部の人）・南人（中国南部の人）という序列に顕著なように、モンゴル至上主義が強かった。とりわけ、旧南宋の南人は最後に服属したため、最も差別されたのである。

この元末、淮水流域から長江流域に白蓮教系の大反乱が起こった。紅の頭巾、紅の大旗の集団であったため、紅巾の乱ともいう。

これより以前、北宋末には江南で「法は平等、高下あるなし」と平等を主張した方臘の反乱が起こり（一一二〇～二一年）、南宋初年には湖南省方面で鍾相の反乱が起こっている（一一三〇年）。前者については、マニ教（明教）の影響を認めるものと、認めないものとの両説がある〔竺沙雅章『中国仏教社会史研究』〕。また後者で鍾相は「天大聖」と称し、「貴賤を等しくし、貧富を均にする」ことを実践論として主張しており、様々な宗教や民衆の希求をないまぜた新宗教的色彩が濃厚であった。

この南宋時代、茅子元が、仏教を核として、節倹・禁欲の明教的要素を加えた新宗教を始める。唐の禅僧百丈懐海《ひゃくじょうえかい》の著作『百丈清規《ひゃくじょうしんぎ》』の精神とされる「一日作《な》さざれば、一日食らわず」を受けて、「一日働かざれば、一日食らわず」を生活倫理とし、世俗的経済活動を肯定した。これが白蓮教の始まりである。

白蓮教には、元末さらに「弥勒仏下生」による世直しの観念が入る。明教のメシア「明王」、仏教の救済者「弥勒仏」という導き手を戴いて、元の支配の腐敗・弛緩の中で大反乱へと発展した。リーダーたちは「明王」「小明王」などと称して、それに応じた。

当時流行の歌に、「天は『魔軍』（明教徒の軍）に『不平』（不公平な人）を殺させる。……『不平』を殺し尽くして、はじめて『太平』となる」とあったという（元・陶宗儀『輟耕録』巻二十七）。これは、実に明快な民衆的「均の理念」＝「平均の理想」の表現といってよい。「不公平」を除去してこそ、「太平」が可能となるのである。

この中で朱元璋も台頭してくる。彼は、「宋」の皇帝号を称して「小明王」と号した韓林児から呉国公に封建されたが、やがて独立して呉王となり、さらに群雄を倒して一三六八年に即位し（明の太祖。在位一三六八～九八年）、「大明」と国号を定め、この年を洪武元年とした。

この間、朱元璋は呉王として独立して以降、急速に反乱者から支配者へと転化した。そして「明教」「明王」のメシアによる救済を示す「明」という国号を採用しながら、今や紅巾軍を「妖賊」とし、孔子・孟子を尊重する姿勢を強めた。彼の部下には、紅巾軍系統と儒学者系統の両系統があったが、支配者としての朱元璋は後者にスタンスを移したのである。

そして即位後は、儒教的・伝統的「淫祀邪教」観念により、厳しく邪教を禁圧し、明教・白蓮教・弥勒仏などの世直し的・マニ教的要素をもつ新宗教は特に厳しく禁止された。反乱者から支配者への見事な転回であったといえよう。

この「大明」という国号が明教に因むものであり、儒教徒も納得する形の説明がなされて、国号として採用されたことを考証したのは、歴史家呉晗である〔呉晗「明教与大明帝国」〕。呉晗は北京副市長であったが、その一連の海瑞に関する文章や脚本に対して、一九六五年十一月、姚文元が「新編歴史劇『海瑞罷官』を評す」で批判し、それが文化大革命の発端となったことは有名な話である。

明の政治と社会――「均」実現の努力――

明の太祖朱元璋は、大規模な政治的粛正を敢行し、皇帝の独裁権を強化した。具体的には、宰相を置かず、吏部以下の六部を皇帝に直属させて、官僚の決定権への参画を大幅に規制したのである。また、広大な屯田を設定し、各地駐屯の軍団（衛所）などの土地とした。そして、対外的には、朝貢制度を実施して、それ以外の私的交易を禁止した。内政では、税役について戸口数と財産に「均適」（多少にスライド）させた徴収を行うべきものとし、全体が「均」を実現しようとする精神によっていたといえる。

さらに、宗教に対する統制を強化し、民衆統治でも儒教的倫理を強調した。
それは、特に「父母に孝順、長上を尊敬し、郷里に和睦、子孫を教訓し、各生理《なりわい》に安んじ、非為を作《な》すなかれ」という「六諭」に、顕著であった。この教化理念が簡潔に表明された「六諭」は、教民榜文（教化のための文書）で郷里社会の末端まで公示され、広く流布し、日本でも江戸幕府第八代将軍吉宗が注解をつけて出版させるなど、大きな影響を与えた。そして、教民榜文では、「太平の百姓」「太平の良民」となるべきことを強く求めていた。いわば、「六諭」による民衆教化、それによる「太平」実現というプロセスが予定されていたのである。

　太祖の統治理念は、彼の教訓を編集した「祖訓」にも集約的に見え、「均」の理念と「太平」実現、そして各家で『文公家礼』に従うべきこと、などが述べられている。メシア理念による革命の実現者が、反乱抑圧の方策にもっとも熟達し、また民衆の支持を永続化させるためにも「太平」実現者とならねばならないことを熟知していたというべきであろうか。

　明では、「均」の政治はとりわけ税役面で多く見られる。各種税役制度名に、「均徭」「均工夫」「均耗」「均糧」「均田」「平賦法」「均編法」「均甲」「均平銀」「平米」などが見られ、また税役関係の命令や議論に「均」「平」が多用されている。唐の両税法以降の大改革とされる一条鞭法も、銀経済の発展に対応して税役の一本化が策されたものであったが、その精神はやはり「均」の実現にあった。なお、一条鞭法などの諸制度はかなり複雑な内容を持っており、しかも研究史も分厚いものがあるので、詳細な内容の紹介を行うことはここではしない。

一方、官僚・知識人も様々な形で、「均」を実現すべく実践した。社会に広範に浸透し血肉化している「均の理念」＝「平均の理想」を、支配者側からも絶えず振興する必要があったからである。たとえば官僚として「公平無私」の態度を貫いたと評価されている呂坤は、その著書『実政録』で「民務」（地方官の民政）の根幹として「地土を清均にすること」を掲げている。そして、明末、万暦帝（在位一五七二〜一六二〇年）の政治への批判を行った東林党の人々の議論には、「均田均役」の主張が多く見られた。

このように、この時代、社会的「公平」実現の根幹として、絶えず「均」の実現が主張されたことを確認しておきたい。

王守仁（号陽明。一四七二〜一五二八年）は、「万物一体の仁」「満街これ聖人なり」と称え、本来人間は「完完全全」であり、士大夫も愚夫婦も平等だとした。人間の本性が善であるという性善説のゆきついた姿である。

この存在の同一性・平等性の主張は、思想が社会運動のパワーとなるという結果をもたらした。いわゆる陽明学左派は民衆にも浸透し、熱情的な実践者を出現させた。肉体労働者も、その仕事を通して「聖人」になることができる。これは、伝統的・儒教的な身分観念・「聖人」観念を根底から崩壊させかねなかった。そのため、この学派は邪教として弾圧されるに至る。

この陽明学左派の影響を強く受けて、羅祖（羅清）が羅教という新宗教を始めた。これは無為教などともいわれる。羅教では「万物一体」を唱えた。この羅教・無為教や禁圧されていた白蓮教系宗教集団によって、反乱が起こされたこともあった。その反乱では、当然、この世の「不公平」を打破する社会的「公平」実現がスローガンとなるであろう。

そして、明末、李自成の大反乱が起こる。彼は、崇禎元年（一六二八年）以降の陝西省方面の反乱の中でやがてリーダーとなり、同十七年（一六四四年）正月には西安で即位し、国号を「大順」とした。そして、山西省北部から北京に迫り、三月、明の崇禎帝は自殺し、李自成は北京を手に入れた。しかし、山海関に駐屯していた呉三桂が満洲族が建国した清に下り、清・呉三桂軍に北京を追われ、翌年清の攻撃の前に西安も落とされ、革命の夢は潰えた。

この反乱の中で、具体的な内容は不明であるが、「均田、免賦」「貴賤均田の制あり」などのように、根幹的な土地・税役制度として「均田」が提唱され、スローガンとして大きな役割を果たした。土地・税役の一定の均平化を目標とし、それが農民の支持をえたものとみられる。また、貨幣経済の発展の中で、公平な取引を求める「平買平売」も政治スローガンの一つとされた。

なお、崇禎初年の反乱の引き金になったのは、「均輸」という新税であった。その取立ての不正によって民衆が困窮し、盗賊集団が多発し、反乱へと拡大したのである。李自成の「均」の主張と実践は、このような支配者側の収奪の「均」に対する反乱者側の「均」の主張であるともみなすことができよう。

清代の「均の理念」

後金・清（一六一六〜一九一二年。一六三六年に清と号した）は、満州族を中心として蒙古族及び漢族を組織した八旗の軍事力によって中国の支配者となった。「華」が「夷」に支配され、しかも辮髪を強制されるなど風俗習慣まで変えられる事態となったのである。

清は中国内地の支配にあたって、明の税役法である一條鞭法と「均田均役」を採用した。さらに、諸税役を地丁銀に一元化する大改革を行った。これは、「丁」すなわち成人男子との対応関係は残ったが、実際には所有田土を主とするものであった。

しかも、乾隆五十一年（一七八六年）には、以後生れた者についてはそれを「盛世滋生人丁」と称して課税しないことにし、かつこれ以前の基準で地丁銀の課税をすることになった。そのため、この新生男子は「丁」の年齢になっても課税されないし、所有している土地についても税額が増加しないことになった。これによって以後、中国の人口は激増する。

これは、逆にいえば、中国歴代王朝の人頭対応の諸税役がいかに重いものであったかを浮き彫りにするであろう。つとに後漢代でも（二世紀末）、未成年から徴収する人頭税（口銭。一人あたり二十三銭）が本来七歳納入なのに財政不足によって一歳から徴収されたために、民が生れた子供を養育しないという悲惨な状況を引き起こしていたことも見られた。誠に、「苛政は虎よりも猛《たけ》し」（『礼記』檀弓下篇の孔子の言）なのである。

八世紀半ば以降の各時代の両税法にみられた「所有財産に対応した均等課税」という精神は、この段階に至って人頭対応の税役部分を廃止することによって完全な財産対応原則を確立するまでに至ったのである。まさに、この段階で課税の均等の意味での「均田」「均税」が実質的に完成したといってよい。これも逆に考えれば、中国の税役制における人頭的要素がいかに根強かったか、あるいはそれを国家が必要としてきたかを浮き彫りにするものである。

清代の「均」「平」の実現に関わる政治を見ると、次のようなものがある。

税役の名目に「均役」があり、その制度では「均賦」あるいは「減賦」が問題とされた。税役制と関わる郷里制でも「均里制」「平図法」「均図」などの用語が見られる。また、地方官吏の「平均賦役」政策実行に対して、それによって不利益を被る郷紳（退役官吏、科挙の中央地方各段階の合格者、中央地方の学校の学生など、知識人を中心とする地方の有力者）の反対が強かったこともあった。

広西省地方の州・県官吏の私的な徴税の名目が、「均平」であった。これは「均平」を名目にした官吏の収奪であり、前章で述べたように（一一五・一一六頁）前漢末王莽新代の揚雄『方言』に見られた、「均」とは収奪の仮面であるということと同様の事態であった。社会的「公平」「均平」を実現しようとする官吏もいれば、このように「均」を掲げて「不均」を行おうとする官吏もいたのである。

まさに、国家や官吏による貧富均等化政策の実施、逆に地方官吏の収奪を言葉の上で覆い隠す仮面の役割など、官吏・郷紳・農民などの利害がせめぎあう場で、前代同様、「均」「平」が要の理念としてあったのである。一方、真剣に社会改革を考えた思想家の側も、その根幹的理念は「均の理念」以外になかった。

明末清初には、中国のルソーともいわれる『明夷待訪録』の著者黄宗羲（一六一〇〜九五年）も「均田」に関する主張をしている。彼は明の広大な屯田に注目し、その面積を計算して富人に平均よりも広い土地を与えても、民に各戸平均五十畝の土地を与えることができ、それによって「均」とすることができる。それが、現在実行可能な「実質的な井田」である。したがって、「均田」「限田」などにこだわることはなく、実質的な「井田」すなわち「均田」を実現すればよい、とした。

また、唐甄（一六三〇〜一七〇四年）は『潜書』を著し、「天地の道は本来『平』であり、『平』であれば万物はその本来の所を得る」とし、「不平」を除くべきことを主張した。つまり、「平」による世直しである。その「平」の政治では天子もまた農耕に従事し、民との「平」を実現すべきものとされた。

さらに、顔元（一六三五〜一七〇四年）が土地問題に関して激越な主張をした。天地の間の土地は、天下の人の共有となすべきだというのである。その弟子の王源（一六四八〜一七一〇年）は、『平書』において「天下を『平』にする」ために著作したことを宣言し、その要として「制田」を主張した。「秦が阡陌を開いて（土地の私有を認めて）から、尽く天下はみな私田である」とあるように、土地国有制的観念の上に成立する井田制的理念が実際には全く実現できないものであることを当然の事実として、その思想の現実的基盤としたのである。

提案された土地制度は、「井田」の理想を掲げつつ、その精神を現実にあわせた制度を制定しようとしたものであった。すなわち、方形の「井田」にする必要は毛頭ないが、自分で耕す者だけに広大な官有地から一定の面積を与え、士・工・商には土地を与えないことにする、などが彼の主張した制度の根幹である。

顔元・王源の思想は、顔元の弟子の李塨《りきょう》（一六五九〜一七三三年）がまとめた『平書訂』『擬太平策』によって、伺うことができる。この顔・王・李の学派を顔李学派ともいい、その書名にも明らかなように「平」「太平」を問題にした学派であった。李塨もまた「『均田』でなければ、貧富は均等にならないし、安定的土地所有ができない。『均田』こそが第一の仁政だ」と述べた。

清代においても、土地問題を要とする「均の理念」＝「平均の理想」実現が、依然として思想家たちの強い関心を引いていたことがわかるし、「井田」そのものではなく、その精神を実現することが肝要であり、およそ一戸五十畝（約三〇七アール強）前後の土地を均等に与える「均田」が最も望ましいというように、共通した側面が現れていることもわかるであろう。

このような議論がなされていても、それが政治的課題とされることはなく、土地のない、あるいは土地があってもごくわずかしか持たない貧農が大多数で、一方では広大な土地を所有した大地主もいた。人々の目には、むしろ不公平が拡大している状況だけが映っていたといってよい。

知識人レベルの「均田」の議論では、問題の解決はなにもなされないのである。社会的不公平に対する「均」「平」実現の要求は、やはり新たなメシアによってこそ可能となろう。このような宗教的信念・心情を背景とした社会変革への動力が、反乱となって支配に立ち向かった。実際、民衆世界での根強い「均の理念」＝「平均の理想」の伝統、メシア待望論は、清代でも前代同様、白蓮教系宗教集団の反乱の中で大きく現れた。

白蓮教系宗教反乱と「均の理念」

清代、白蓮教系の宗派は、民間秘密宗教結社の最大流派であった。八卦教・天理教・金丹道・先天教・大乗教・清水教、あるいは「明」字を冠する明天教など、多くの名称があるが、いずれもその流派である。

これらの中で、早く「韃靼王朝」（満洲族の清をさす）の駆逐をスローガンに掲げ、道教を主として儒教・仏教をもその宗教的要素とした李先天の反乱が起こり、あるいは清水教の反乱も起こった。それと連動して、官吏が「邪教」の捜索と称して苛斂誅求を行ういわゆる「官逼《せま》り民反す」（官が捜索名目で苛烈な収奪を行い迫るので、民はやむをえず生存をかけて反した）状況の多発によって、大小の反乱が各地で起こった。

乾隆帝（在位一七三五〜九五年）は、自ら「十全老人」と称し、その治世中、辺境の支配拡大・反乱鎮圧戦争で勝利を得たことを誇った。乾隆帝は「邪教」の禁圧にもきわめて熱心であり、白蓮教のみならず、イスラムのスーフィー（神秘主義）派の弾圧などを行った。そして、その捜索指令が地方官吏には格好の苛斂誅求の口実になったのである。

白蓮教系の反乱は、湖北省・四川省・陝西省・甘粛省などに広まり、嘉慶帝（在位一七九六〜一八二〇年）時代に激化した。いわゆる嘉慶の大反乱である。そこでは、女性神の無生老母を最高神とし、メシアとして弥勒仏転生も語られ、政治的には清朝打倒が叫ばれ、獲得物の「均分」をスローガンとした。さらに、「絶体絶命の滅びの日の到来こそ、起死回生の革命の日、復活の日、救済の日」という教主の預言が、直面する困難の前に宗教的信念を強化し鼓舞した。

これら反乱集団の中では、湖北省襄陽のグループが注目される。そのリーダーは斉林の妻の斉王氏であった。彼女は大道芸人出身で、まだ二十二歳のうら若い女性であったが、強いカリスマ性をもって集団を指揮し、軍事的能力も発揮したといわれる［佐藤公彦「清代白蓮教の史的展開」］。

これらの反乱は結局鎮圧されてしまい、「均田」による「均」は実現のしようがなかった。しかし、清朝にも大きな打撃を与え、その支配の弱体化をもたらす一因ともなった。

さらに、北京や河南省・山東省方面での天理教の反乱なども起こった（一八一三年）。ここまでくれば、「均の理念」＝「平均の理想」と「太平」理念が極めて強く反映され、実行に移された太平天国の時代はすぐである。

太平天国

広西省の桂平県金田村で、洪秀全が反乱を起こしたのは、一八五〇年であった。いわゆる金田起義である。彼は、プロテスタントの入門書の影響を受け、病気中の幻想に上帝ヱホバを見たといわれ、老幼病弱いずれもみな手を携えて「天堂」すなわち天国に至ることを強く説き、上帝会（拝上帝会）を開いた。

そして起義の翌年には天王と号し、太平天国元年とした。ここに、「太平天国」をめざす革命運動であることを明言したのである。やがて、一八五三年には南京を占領して首都とし、「天京」と改名した。すでに中国はアヘン戦争後の開国によって、上海には租界が作られていたが、この太平天国軍の進出の前に多くの中国人が租界に逃げ込み、そのため租界の人口は急増、都市上海は一挙に拡大していくことになる。

欧米諸国もしきりに天京に人を派遣して、その政策や内情の探索に努めた。太平天国という革命運動は、清朝との対峙と、欧米諸国との緊張をはらんだ接触、という中での運動であった。

長髪賊ともいわれたように、清朝が中国の人々に強制した辮髪を廃止し、「男女平等」を主張し、偶像崇拝を禁止した。長髪は反清、男女平等は反伝統、偶像崇拝禁止は反諸宗教的側面があった。当時の中国社会では、孔子像などや仏像のみならず、道教の神々や関帝（三国時代の英雄関羽が神として祭られ、明清代には極めてさかんになる）・観音・天妃（媽祖）など多種多様な神々の神像が作られ、崇拝されてい

185　太平天国

図14　道教寺院の神像

中国の道教寺院では、道教の神々のみならず、民間信仰の神も広く祭られ、また民間信仰の神廟でも民間信仰の神々のみならず、道教・儒教・仏教その他に起源する神々を祭っていた。財神的性格が濃厚な関帝信仰などが盛んであり、民間信仰には様々なものが混在していて、そこはアニミズム的祈りの場となっていたし、今もそうである。民俗宗教などといわれるゆえんである。

その具体的様相を台湾や香港、あるいは東南アジアの華僑進出地域などで見ることができる。観音も仏像としてあるのではなく、民間信仰の神の一つなのであり、むしろその方が盛んである。本来は文廟などで国家的文神として祭祀される孔子も、そこでは民間信仰の神の一つとなる。

太平天国の儒教排斥、偶像崇拝禁止は、このような中国の人々一般の宗教観念に大きな変更を迫ったのである。

左下は、中国遼寧省鳳城県鳳凰山紫陽観の忠賢殿の神像配置図である。武の関帝に対して、文を代表して科挙の神である文昌帝君があり、その脇に孔子が位置している。
（蜂屋邦夫編著『中国の道教』汲古書院 1995年から）

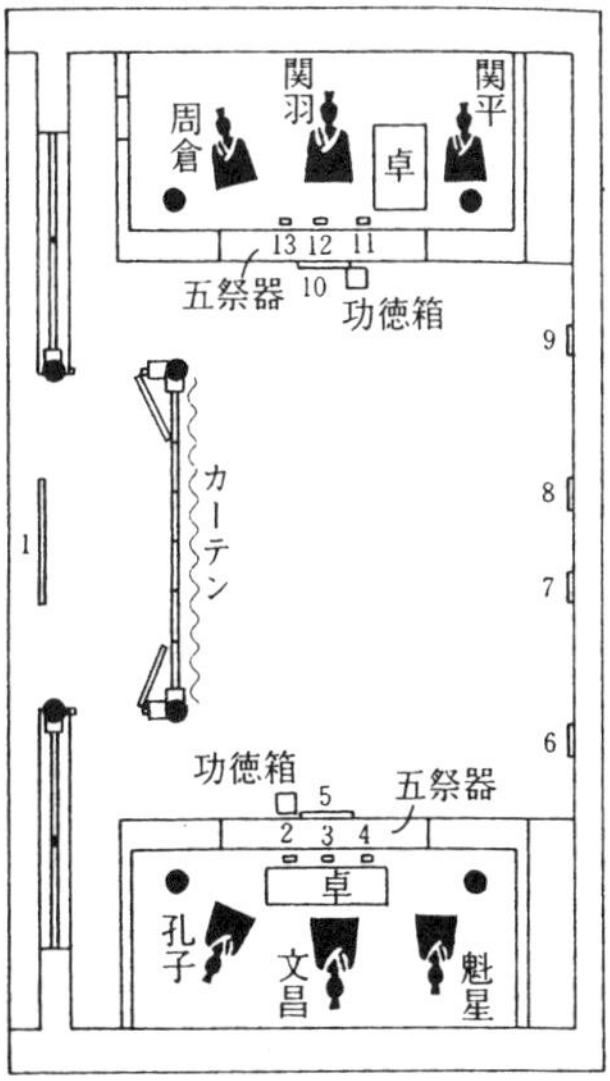

忠賢殿

1　（匾額）　忠賢殿
2　（牌位）　奉祀　仲尼之位
3　（牌位）　奉祀　文昌帝君之位
4　（牌位）　奉祀　魁星之位
5　（額）　師表常尊
6　（聯）　一景会山川百代人文淵藪
7　（聯）　両楹声宇宙万古吾道宮墻
8　（聯）　清夜読春秋一点燭光燦今古
9　（聯）　孤舟□美魏千秋浩気貫乾坤
10　（額）　忠義千秋
11　（牌位）　奉祀　関将軍諱平之位
12　（牌位）　漢寿亭侯　協天大帝　威霊遠鎮　天尊之位
13　（牌位）　奉祀　周将軍諱倉之位

たからである。太平天国では儒教排斥運動も伴ったという。これも反伝統・反宗教を示す。また、強い禁欲主義を掲げ、飲酒やアヘン吸飲を禁止した。ここには、マニ教的伝統も作用した可能性がある。

そして、ここで選択された「太平天国」という名称こそは、今まで述べてきた中国民衆の「均の理念」＝「平均の理想」、「ユートピア」＝「太平」の帰結的運動であったことを示すものである。なぜなら、民衆が希求する「均」の実施を政策の根幹に据えて「太平」を実現し、この世で「天国」そのもの、すなわち「ユートピア」そのものを実現しようというのだからである。

「均の理念」を端的に示すものは、「天朝田畝制度」という土地制度である。天下的サイズでの「平均」を実現する方法として、土地私有の廃止と土地の絶対的「均分」が主張された。こうして、「耕者有其田」（耕作者はその耕地を有する）がスローガンとされた。

明末清初の思想家たちの、土地私有の現状を肯定しつつ、現実的「均田」を実施しようとした主張を一気に突き抜けて、地主支配そのものを根底から変革しようとしたのである。ただし、その土地改革については、大地主以外の地主については一定程度容認されていたことなどがあり、現実への妥協もみられたのであるが。

「男女平等」「均分」などについては、キリスト教的平等観が反映されているともいわれるが、「均分」については中国の民衆の血肉と化していた「均の理念」＝「平均の理想」の、極めて濃厚な反映をこそ見るべきであろう。そして「男女平等」という理念が掲げられたことは、纏足の禁止ともども、広西省奥地社会の特殊性を反映しているともいわれるが、中国史においてはやはり画期的であったといわねばならない。

この「男女平等」理念は、本章のすぐ後の「トピック5」（一九五頁以下）にあげる李汝珍（一七六三？〜一八二八年？／一八三〇年？）の小説『鏡花縁』ともども、康有為の大同ユートピアにもつながるのである。これは、かの斉王氏の活躍に見られた、民衆世界での男女の地位に対する考え方の変化が背景にあったことを示すものではないかと考える。

さらに、国家形態をとる際には、官吏任用のための科挙を行い、また軍事体制では『周礼』的体制を採用し、そこには女軍も作られた。この科挙実施や『周礼』による軍政は、民衆的「均の理念」＝「平均の理想」だけではなく、古代以来の支配者側の「均の理念」＝「平均の理想」をも採用したことを示している。税役面での「均」の実現をたびたび表明しながらも、現状に流されて何もしなかった清朝に対して、太平天国は民衆・支配者双方の「均の理念」＝「平均の理想」を具体化・現実化しようとしたのである。

この意味で、「太平天国」こそは、緊迫した諸外国勢力との関わりの中で、中国社会が生み出した伝統的な観念を背景とした、中国的ユートピアである「太平」の最後で最大の実現運動であったといえるだろう。

太平天国軍は一時北京にまで迫ったが、結局潰えた（一八六四年）。しかし、これがもたらした影響は深刻であった。特に、支配階層は伝統中国的政治体制そのものの限界を認識し、西欧の学問などの摂取に努めることになる。

中国の学問を本質として西欧の学問を実務に限って学ぶ洋務運動を展開したが、その失敗が日清戦争（一八九四年）でさらけ出され、立憲君主制実現という政治体制そのものの変革を意図した戊戌変法（一八九八年）も失敗していた。康有為はこの戊戌変法に関わり、その後「大同」ユートピアを熱心に説いたのである。

また、この間、民衆世界では、キリスト教布教、鉄道・電信など西欧文明の流入によって、伝統的生活・観念に動揺をきたし、反西欧的運動が展開された。義和団事件（一八九九〜一九〇〇年）がそれである。中国伝統の武拳集団は、反西欧文明的行動を起こし、鉄道や電信破壊を行った。彼らは、道教の最高神玉皇が、関帝に天兵を率いさせて我らを支援しているといったという。

なお、清朝政府にとっては、電信による情報入手は格段に早くなっていた。しかし、民衆には土地を切り開いて大地の「気」の流れを絶つ鉄道建設と得体の知れない電信とは、破壊すべき西欧文明の代表としてその目に映っていたのである。

西太后が実権を掌握していた清朝はこの義和団を利用しようとしたが、欧米諸国・ロシア・日本の制圧を受け、一層の政治力低下をきたした。反西欧的・伝統墨守的民衆運動もこうして潰え、破滅的状況の中で清朝そのものの完全な廃止と、新たな政治体制実現に向う以外に道はなくなった。革命による

「太平」実現と、それによる「公平」な社会実現が残されたのである。

孫文の革命運動

孫文（字徳明、号中山。一八六六〜一九二五年）は、珠江デルタの広東省香山県（現中山県などの地）出身であった。やがて香港西医書院（現香港大学医学院の前身）に学び、医者となった。この間、西欧の政治学・軍事学・物理学・歴史学・農学などを学んだ。やがて、政治運動に関わり、日清戦争後には革命運動を起こすまでになる。

日本在留中に中国同盟会を起こし、欧米での運動も行い、本章冒頭に述べたようになんどもの失敗を繰り返し、ついに一九一一年の辛亥革命後に臨時大総統になったのである。

革命家孫文の思想の中核には「公理」に立脚した「平」があり、それは具体的には有名な民族・民権・民生の三民主義として現れている。その中の民生の根幹をなしたのが、「平均地権」である。土地所有権は現在の所有者に認めつつも、国家が地価を確定し、革命後の地価上昇分は国家の所得とするというものである。

このような土地「平均」思想については、日本の宮崎民蔵の「土地均分」思想との関わりが指摘されている〔伊原澤周「孫中山的平均地権論与宮崎民蔵的土地均享思想」〕。おそらくそれもあるであろうが、今まで縷々述べてきたような分厚い中国の「均の理念」＝「平均の理想」の伝統を考慮に入れたとき、孫文は中国の伝統的学問からも、民衆に近い生活者としても、また太平天国運動などからも、実に多様なチャンネルによって「均の理念」＝「平均の理想」をみずからの血肉としたのであり、それがこのような形で表明されたとみるべきであろう。

この前後、章炳麟（号太炎。一八六八〜一九三六年）は孫文と共に、耕作者への土地均分を「均田法」によって実現し、それを民主革命の要にしようとした。これより以前、龔自珍（一七九二〜一八四一年）は「平均篇」を著して、天下統治の要は「平」であることを主張していた。また、清末、官庁再編の結果作られた役所である商部に平均司が置かれたように（のちに農務と改称された）、清朝の側でも農業に関して「平均」を強く意識していた。このような時代の動向は、孫文にとって無縁ではなかったからである。

いずれにしても、このようにして孫文という革命家によって、近代的な資本主義的側面を有した「土地の均」実現方式が提示されたのである。

毛沢東（一八九三〜一九七六年）は、孫文が最晩年にソ連と中国共産党を容認したときに、古い体質を持った「旧三民主義」から「新三民主義」に転換したのだと述べている。そのような形で、共産党による中国革命にも、孫文の思想は容認された。

また、清末・民国段階の新聞や各種議論・主張などに見られる「均平」「公平」「大同」には、共産主義そのものを意味しているか、ないしはその色彩が濃厚であった。マルクスの思想やロシアの共産主義革命の強い影響が及んで、「均の理念」＝「平均の理想」は新たな展開を見せたといえよう。

そして、民衆、とりわけ農民の体質化していた「土地均分」への希求は、「平均主義」的運動の強力な動力となりうるものであり、それが中国共産党の農村支配拡大に決定的な意味を持ったことはいうまでもない。それ故、共産中国の成立は、長年望んで得られなかった「均」「平」あるいは「公平」によって示される「均の理念」＝「平均の理想」実現、「ユートピア」＝「太平」実現であるはずであったのである。

また、伝統中国的宗教観・倫理観によって、西欧文明の流入や第一次世界大戦の惨状に対して、改めて全世界的「太平」を実現しようとする動向も見られた。その一つとして『洞冥記』がある。洞は天国、冥は地獄である。これは、一九二五年頃に成立したといわれる伝統的戯曲の体裁をとった道教の書籍である。

洋服や西欧的生活など西欧文明にどっぷりと漬かり、女権を主張する「文明男女」は、地獄の中の「文明自由獄」で責苦にあっているとし、飛行機や毒ガスへの危機感も強く見られる。西欧の「物質文明」に対する「道徳文明」が主張されるのである〔山田「関帝廟に集まる地域」〕。

関帝が、中国の儒仏道三教の神々や、世界の偉人・教主たちの推戴を受け、ついに最高神となり、この世に「太平」をもたらすものとされた。西欧文明に翻弄されながらも、民衆世界で圧倒的な支持があった関帝を中心として、中国的伝統に依拠して新たな宗教的「太平」実現をめざしたものといえるし、これと対照的に、西欧起源の思想である共産主義に依拠して、中国に「太平」と「均」をもたらそうとしたのが、毛沢東主導下の中国共産党であったといえよう。

現代の「平均主義」問題

一九四九年十月一日の中華人民共和国の成立によって、理想は実現されたか。「太平」は実現されたか。「均」「平均」「公平」は達成されたか。これらの問に対しては、革命直後における中国の人々の意識ではそうであったといえよう。第一章冒頭で述べた「平均有銭」がそれを示し、農民は自分たちの土地を耕すことができたからである。

しかし、その後の政治的大変動の中で、理想が粉々になってゆく様は、特に文化大革命期（一九六六～七六年）に顕著であった。文革期、結局は権力闘争と規定できるにしても、毛沢東・紅衛兵の奪権闘争は、一時的にせよ、支配階層化した共産党幹部集団に対して行われた平均運動の側面もあるといわれる。その意味では、「太平」「均平」を求めてやまない永続革命的性格も存したといえようか。

同時に、「平均主義」のもたらした弊害も顕著になった。個人的努力は一切収入に反映されないので、働き者が馬鹿をみることになったからである。これが、打倒すべき対象とされた「大釜の飯」である。

そして、文革収束後、一九八〇年代以降、急激な現代化・改革開放が進み、市場経済の浸透は怒濤の如き勢いを見せている。個人の才覚で金儲けができる社会となり、高級外車を乗り回す企業家も多くなった。また、都市近郊の農村部など、郷鎮企業（郷《きょう》・鎮《ちん》は県の下の行政単位で人民政府が置かれる。それが経営する企業のこと。なお、郷は農村、鎮は都市としての人口区分）がうまくいっている所では、一村全体が平均的に富裕化している場合もある。

しかし、都市近郊や、香港をひかえる広東省などの地域を除いて、多くの内陸農業地帯は貧しいままにあり、特に極度の乾燥気候下の大西北（甘粛省・寧夏回族自治区・陝西省北部など）では、全く市場経済の恩恵に浴していない状況にある。

すなわち、改革開放政策下の「不公平」の増大が、顕著になりつつあるのである。十二億以上の人口のうち、大多数が農民であり、その多くが市場経済の恩恵に浴していない現状は危険である。農村内部にも貧富の差はあり、金持ちは村の祭りなどの際には多くの金を出すことで、不満の対象となることを避けようともしている。

そのような個別の対応ではどうにもならないほどの貧困問題が、中国にとっては最も重要な根幹的問題としてある。従前の悪しき「平均主義」ではなく、一生懸命労働しても十分な富をえられないという社会全体をおおっている「不均平」「不公平」が、「平均主義」が血肉と化している農民の心情に火をつけることを、政府が最も恐れているとみてよい。絶えず党幹部の不正糾弾などがキャンペーンされ、不正利得を図った者を厳罰に処しているのも、政府の危機意識の現れである。

「不公平」だと強く感じている心情に火がついて「反乱」暴動を引き起こすまでには至らなくても、

仮に中国政府が完全な普通選挙で自由な投票を行わせたとして、農民に向って「均平」「公平」などの公約を掲げ「革命」をスローガンとする政党が現れたならば、「革命」からかけ離れた現共産党は敗北するであろう。全体が一度に富裕化するのではなく、一部の者の富裕化を先導として全体的富裕化に至ろうとする現在の政治は、極めて舵取りが難しいものであることが、このような仮定の話によっても容易に想像できるであろう。

古代以来の思想・宗教・反乱・ユートピア、それらが一体となって中国の人々全体に血肉化・体質化してきたものが、「均の理念」＝「平均の理想」、「ユートピア」＝「太平」なのである。これは、政治・経済・社会・文化等々、全ての理解の鍵となることが、今までの記述によって少しでも理解されれば、著者として望外の喜びである。中国では、古代と現代は絶えずつながっているし、そのような視点で今の中国を見ることも大事なのである。

トピック5

唐以降のユートピアの系譜

唐以降のユートピアには、道教・儒教・仏教等々多彩なものがある。以下にその概略を述べておく〔陳正炎・林其錟『中国古代大同思想研究』参照〕。

まず、仏教はそれ自体が壮大な世界観の下、極楽というユートピアを有するのであるが、西欧の修道院的教義に該当するものとして唐の百丈懐海の『百丈清規』があった。これは本文でも述べたように、労働と自己修養の精神を儒教・道教にも拡める役割を果したものであるが、『清規』には、財物の公有、寺院運営での「公平」で「上下が力を均にす」べきことが説かれていた。禅宗的小ユートピアといえよう。

五代のとき、泉州（現福建省泉州）出身の譚峭《たんしょう》がある。彼は道教学者であり、「食を均にし」、「親疎も愛悪もない」「天下の至公」が実現した「大和」社会を構想した。また、北宋の儒者であり官僚でもあった王禹偁《おううしょう》（九五四～一〇〇一年）は、儒教的節倹策と均田策を主張し、「録海人書」によって「桃花源記」的海上の小ユートピアを描いた。もはや中国内には、秦始皇帝の暴虐から逃れた人々が平和に暮らす場所が考えられないくらいになったともいえようか。

同様に、小ユートピアを描いたのは、南宋の康与之である。まさに北宋が滅びようとするとき、西京洛陽山中の一洞穴に隠れ、そこでは金銀財宝は所持せず、収穫・生産物の分配を「均」にしていたというものである。まさに道教的な洞天福地と「桃花源記」との複合といってよい。

また、北宋時代、有名な范氏義倉が設けられ、宗族救済・教育扶助などが一族単位で行われるようになる。これは、いわば家や宗族単位でのユートピア追求ともいえようか。代表的な家訓書である南宋の袁采『袁氏世範』では、父母は「均一の心」「公平」で家をまとめ、諸子は「均分」を心がけ、同居者は「公心」をもって、争いのない「均平」を実現し、諸子はそれぞれの能力に応じて科挙受験、商業従事などで家を維持すべきものとしている。

さらに、元末明初の『水滸伝』の梁山泊がある。毛沢東も『水滸伝』を愛読したといわれ、現代まで大きな影響を与えている。英雄百八人があい集まった梁山泊では、リーダー・役割や義兄弟関係はあっても、貴賤などはなく平等であった。そこに集まった者は、社会的不正義によって無実の罪を被ったりした者が多かった。したがって、梁山泊からの戦いは正義となる。これはまさに下級官吏や庶民のユートピアといってよいだろう。

『袁氏世範』に見られた家・宗族を小ユートピア化する方向は、明後期の何心隠（本名は梁汝元。一五一七〜七九年）の聚和堂において一つの展開を見た。彼は、陽明学の影響を受けた人物であるが、「君とは中であり、中が均をもたらす」とし、世界の中心たる君が「均」を実現することを理想とした。このような天下国家レベルではなく、宗族レベルでの「均」を実現しようとしたものが聚和堂である。そこでは、教育・養育が全体としてなされ、宗族祭祀に全員が集まり、宗族の集団的で平等な生活が実現するものとされた。

そして、明後期以降、西欧諸国との関係が生じ、中国の知識人は西欧諸国を意識せざるを得なくなり、それと関わったユートピアが提示される。清後期一八二八年に刊刻された李汝珍の小説『鏡花縁』がそれである。君子国・大人国での「善を宝とし」「譲ることを好んで争わない」ことを理想とした。また、則天武后の「恩旨十二條」に擬して、男女平等の科挙制度や女子の教育・保護を強く打ち出した。男女平等を掲げる太平天国の直前のことである。

そして太平天国を経て、康有為の大同ユートピアに至るのである。

第六章　「均の理念」と東アジア

朝鮮半島の「均」のありかた

朝鮮半島では、早くから中国文化の影響を受け、特に唐の律令諸制度の影響を受けた新羅（シルラ。明確な国家としての姿を現すのは三世紀～九三五年）、ついで宋の制度の影響を強く受けた高麗（コリョ。九一八～一三九二年）、そして中国以上に厳格に朱子学を受容した朝鮮（チョソン。一三九二〈朝鮮という国号の開始は一三九三年〉～一八九七年国号を大韓とし、一九一〇年の日本による植民地化まで続く）時代（李朝《イチョ》）などにおいて、中国の制度受容、あるいは儒教経典の受容などによって、「均の理念」＝「平均の理想」は影響を与えたはずである。私が朝鮮史に明るくないこともあって、得ることができた事例はわずかであるが、それらについて言及しておきたい。

新羅では、唐初にあたる七世紀前半に「仁平」「太和」という年号を採用しており、これには中国的「均平」「太平」の理想の影響も考えられよう。新羅は七世紀後半から八世紀前半にかけて「中代」といわれる安定した時期を迎え、官僚制・郡県制の整備などが進んだといわれる。

また、「正倉院所蔵新羅文書」では、一村十戸・百人程度で畑や水田を耕作していたことを知ることができる。「丁田」を支給したことなど、土地問題について、日本の班田収授法のように中国の均田制の影響を受けたことも考えられる。しかし、この新羅の土地制度では「均」の実現を意図したとは簡単にいえないであろう。問題として残しておかざるをえない。

高麗では両班《ヤンバン》制（文班〈文臣〉と武班〈武臣〉で構成される官僚制・支配制度）が成立し、一段と諸制度が整備された。土地問題では、官僚への経済的基盤として、役分田制から田柴科制へと展開し、田地（耕作地）と柴地（燃料採取地）とを、官僚の等級に応じて支給するものであった。これは、『周礼』的なピラミッド型の身分社会に相応するものといってよいかもしれない。

そして、高麗後期に、従来の土地所有関係を破棄して、科田法が制定された。これは、権勢家の所有していた土地を国家の公田に編入し、官僚には十八科（等級）に対応した土地支給をするものであり、官位の高下に対応したものになるから、これも同様にピラミッド型の身分等級に対応したものといえるであろう。

李朝では、科田その他の土地制度が採用された。農民の大多数は、公田・私有田などの中で一定の土地を保有して耕作し、十分の一の田税を出し（後に二十分の一）、また物品を現物で納める貢納、及び軍役と徭役を負担した。

これらの中でも、貢納の負担は重かったが、その改革が「大同法」として実施された（一六〇八年）。多種多様な物品を大同米として地税という税目に一元化したのである。明で行われていた一條鞭法、あるいは次の清朝の地丁銀に見られたような諸税役の一元化という方向性が示されているともいえるが、大同米とは別に田税や役などの諸負担があったから、そこまでの段階には至っていなかったのである。

しかし、その改革法に「大同」という名称が付されたことは注目しておいてよいと考える。『礼記』礼運篇の「大同」的社会実現の意図が背後にあったか否かを考えてみる必要が生ずるからである。これも問題として提起されるべきものである。

そして、過酷な収奪に苦しんだ農民救済の制度として現れたのが、「均役法」であり（一七五〇年）、ここに明瞭な「均の理念」＝「平均の理想」の反映をみてとることができる。この制度によって役の負担は軽くなったが、依然として田税・大同米もあったので、問題の解決は容易ではなかったといってよい。なお首都漢城《ハンソン》（現ソウル市）には、城内の商業を監督する「平市署」が置かれており、これは前漢時代の「平準」制度以来、歴代王朝に商業統制の官署として見られることがあった「平準署」などの継承とみてよいだろう。

それにしても、この「均役法」は、李朝王権が王土王民思想（全ての土地と民は王の所有という観念・思想）に基づく一君万民的支配者であり、かつ社会全体への富の分配者である、ということを示した制度だともいわれる［須川英徳『李朝商業政策史研究』］ように、朝鮮半島において見られた代表的な「均」実現を意図した政策であったといえよう。

日本古代中世の「均」――『太平記』の意味――

唐の律令を受容した日本の古代では、班田収授法という唐の均田制を一つの手本とした土地制度が行われたが、「均田」という言葉は使われなかった。しかし、前章の金王朝のところで見た考課（官吏の勤務評定）に関する「公平」という言葉が、やはり使われていた。『令義解《りょうのぎげ》』では、「私に背《そむ》いて公を為し、心を用いること平直なるを謂《い》う」としている。

ついで、「均の理念」＝「平均の理想」が見られるのは、菅原道真の漢詩である。「努力努力《ゆめゆめ》猶《なお》し努力《つと》めよや、明明たる天子恰《あたか》も平均なるものを」（『菅家文草』巻五）とあるのがそれであり、これは直接的には中国古代の『詩経』にある「平均なること一の如し」を踏まえた可能性がある。それにしても、天皇の政治について「平均」が使われていることは、中国の学問に極めて深い教養があった道真への、「均の理念」の影響を看過すべきではないだろう。

そして、十一世紀以降、新たな課税制度として「一国平均役《いっこくへいきんやく》」が登場してくる。これは、一国内の公領・荘園を問わず、一律平均に賦課・徴収することを原則としたものである〔上島享「一国平均役の確立過程」など〕。この名称に見られる「平均」が、中国古代以来、直接的には唐から宋にかけての「均の理念」＝「平均の理想」を受容したものかどうかについては、専門家ではない私にはよく分からない。しかし、もし、日本中世的な王土思想（「王土」の出典は、『詩経』の「溥天の下、王土に非ざるは莫し」）を思想的根拠として、この「平均役」が成立したのであれば、『詩経』その他に見える「均の理念」＝「平均の理想」が影響した可能性は高くなると思われる。

また、均等面積の田地に均等量が賦課されるように、中世の共同体では強烈な平等原則が働いていたといわれる〔網野善彦『日本中世の民衆像』〕。これは、あるいは「平均役」という上からの「均」の伝統が下にも浸透し、日本的な民衆の「均の理念」＝「平均の理想」となったとはいえないであろうか。

このように、日本でも、中国と同様に、支配者層の思想・イデオロギーが、具体的な税役の場を通じて、民衆・社会に広まることは、考えられるであろう。

そして、鎌倉幕府の崩壊、後醍醐天皇の親政、足利尊氏の室町政権の発足と南北朝の対立が壮大な歴史物語、軍記物に作り上げられたのが『太平記』であった。『太平記』は、現在、「太平記読み」によって室町・戦国時代から近世に至るまで、極めて大きな思想的影響を与えたことが指摘されるに至っている〔若尾政希『「太平記読み」の時代』〕。

『太平記』では、なぜ「太平」が書名として選び取られているのかが問題である。その答えは、楠木正成の「衰乱の弊《つい》えに乗って」という言葉に明瞭に見出すことができる。なぜなら、この「衰乱」とは、後漢末の何休が提示した「太平」へのプロセス、衰乱─升平─太平、を踏まえたものであることが明らかだからである。

『太平記』には多くの中国の典籍が引用されており、著者の中国の学問への素養は極めて深い。従って、この「太平」も、中国的な理念を十分に踏まえたものであったとみるのが自然である。戦乱の記述に冴えが見られる軍記物であっても、思想的には「太平」希求がこめられたものとみるべきであろう。ただし、その「太平」の中身については、当時の南北朝時代に希求された平和・安定であったと考えるべきであろうが。

後醍醐天皇は、日本の歴史の中でも稀な、天皇を中心とする中国的支配体制を作り上げようとした天皇であったといわれる。直接的には、皇帝独裁ともいわれることがある宋の政治の影響を受けたともいわれ、また中国のような紙幣発行を策したとも伝えられる。しかし、その当時なりの理解に基づく中国風の「皇帝支配」の「制度化」は、基盤のない、砂上の楼閣のような危ういものであり、政権は短期間に崩壊したのである。「皇帝支配」を実現すべき「制度」が構築されず、またその支配に対応するような社会的基盤（たとえば官僚制を支える広範な知識人層など）が、存在しなかったためである。

『太平記』には、『史記』の引用などにより、天下統一についての記述が多く見られる。しかし、例えば秦始皇帝の統一についての記述があっても、肝腎の始皇帝の統一政策の中身については引用されていない。統一の物語はあっても、統一の手段と方法は、すなわち政治と制度は、理解の外にあったというべきである。

太平記読みたちも当然このような『太平記』の枠内にあったとみてよいだろう。統一の物語、統治の物語は領主層に好まれ、太平記読みたちの新たな解釈による政治倫理・政治理想が「徳による政治」などとして抽象的な形で示されたとしても、一領域さらには全国を統一し支配しようとする藩主や将軍にとって参考にすべき具体的な政策・制度が、その主張にどれだけあったのであろうか。全体的理念を背景とした具体策なくして政治はできない。その時には、やはり禅僧などからの中国的政治・制度の知識や、漢籍からの直接的な知識が大きな役割を演じたのではなかろうか。実際、江戸時代には『礼記』王制篇が、幕藩制社会の危機管理論としても読まれていた〔菊池勇夫「三年の蓄えなきは国にあらず」〕。

紀元前二二一年の統一後民間の武器を没収した始皇帝同様、隋文帝も五八九年の南北統一に伴う政策の一環として、民間の武器を棄却させ、武人にも文を学ぶことを求めた。この始皇帝・隋文帝の政治と豊臣秀吉の刀狩政策とは、大きな関連があったものとしてみるべきだと思われる。少なくとも、「故事」として、刀狩を正当化する上で一定の役割を果たした可能性はあるであろう。

第四章「『均の理念』と現実政治」で『方言』の「平均」を論じた際、秀吉の奥州仕置に「平均」が使われていたことを指摘した（一一六頁）。秀吉の天下統一とは、奥州のみならず全国レベルでの「平均」に他ならなかったはずである。秀吉の統一政策と中国の「均の理念」＝「平均の理想」とは、この「平均」という言葉の存在によって、かなり関連性が高いものがあったのではないかと考える。

近世の「均の理念」

林羅山（一五八三～一六五七年）を開祖とする林家の朱子学が江戸幕府の公的学問とされ、第五代将軍徳川綱吉が学問好きであったため、幕府のみならず各藩にも漢学勉学の気風が広まったことについては、贅言を要しない〔山室恭子『黄門さまと犬公方』〕。江戸時代には、漢学の隆盛によって、儒教経典あるいは各種書籍の研究が盛んに行われ、『周礼』についても多くの著作がものされた。それらによって、『周礼』の根本的理念である「均の理念」・儒教的ユートピア観念についても、深い理解が生れたものと思われる。

この時期、南部藩の第五代藩主南部行信《なんぶゆきのぶ》（在位一六九二〜一七〇二年）は、綱吉の儒学愛好に大きな影響を受けていた。彼は藩内において、儒者を登用し、儒学を講じさせたのみならず、藩政においても儒学的ないし中国的理念を受容したことが、その歿後に儒学者によって書かれた墓誌「信州公墓誌」によって知られる。そこでは、土地からの税徴収の改革を「井田の遺法」と規定し、それによって「不均」をやめ、「平均」を実現して、「衆（多）・寡（少）を均しくして、貧苦のない」状態にしようとしたという（この史料は、蝦名裕一氏の教示によって知ることができたものであり、氏のご好意に感謝するものである。詳細については近く公表される予定である同氏の論文を参照されたい）。

本州北端の南部藩において、たとえ定着しなかったとはいえ、儒学が標榜していた「均の理念」＝「平均の理想」を正確に理解して、「井田」などとは全く同じものではないが、理念的にそれを実現するのだという意識で、一定の税制改革が志向されたのである。このように綱吉時代には、儒学、さらには中国的理念や政治制度などへの関心が強まっていたという、そのような時代状況の一端が知られるであろう。

そのような時代の中で、大儒学者荻生徂徠（一六六六～一七二八年）は『太平策』を著した。彼は、「太平を楽しんでいる」今こそ、「太平」の制度を制定するべきことを主張する。幕藩制的諸制度を改変して中国的制度とすることは確かに困難ではあるが、「聖人の制度を知る」べきであることを縷々述べる。そこであげられた制度には、前漢武帝時代（在位紀元前一四一～紀元前八七年）に財政家桑弘羊によって始められた「平準」もある。そして、旗本が江戸に住み、各藩でも武士が城下町に住んでいるのを改め、本来の「封建制」のようにそれぞれの「地行所」に住むべきだとしている。

この徂徠の主張は実現されることはなかったし、やがてその主張の影響も薄れる。その原因は、「徳川の平和」が長続きしていたためであった。強いて中国のような「聖人の制度」を制定しなくても、現状にまかせて問題ないではないか、ということであった。そして「太平」「泰平」の世の継続は、賀茂真淵（一六九七～一七六九年）以降皇国意識を拡大させたともいわれる［渡辺浩『東アジアの王権と思想』］。

西欧文化の風が長崎を通して蘭学などの形で入り、さらに、後期には種々社会的変動も起こり、身分社会にも変動が兆してきた。そして、ロシア船の来航、ペリーの来航、開港へと展開する。

この時期になると、たとえば佐藤信淵（一七六九～一八五〇年）のように、現状改革の理念を中国的制度に求める者も現れた。「公平」を実現するための財政経済改革を実行するために、三台・六府の官庁機構制定、専売制実施などの提案をした。もはや現状打開のためには、日本の伝統に立脚した諸制度では対応不可能になり、そのとき改めて厚い蓄積のあった漢学が参考にされたのであろう。

そのような中で、宮崎民蔵（一八六五〜一九二八年）の郷里熊本に近い佐賀藩で、「均田制」と陶器の専売制が実施された〔山形万里子「佐賀藩藩政改革における「均田制度」と陶器専売制」〕。前近代末・近代開始時期に至って、本格的な「均」の政治が日本でも実施されたのである。この「均田制」は、商業資本による土地集積を否定した限田制（土地所有制限制度）だともいわれるが、「均の理念」＝「平均の理想」に基づいたものとしての意義は大きい。

これだけではなく、民衆レベルでも、一揆には「平均世直将軍《へいきんよなおししょうぐん》」の大幡《はた》を掲げたものも現れた〔入間田宣夫『百姓申状と起請文の世界』〕。なぜ「平均」なのかは検討する価値がある。民衆の「平均」思想については、中世以来の平等観念があったことも影響したかもしれないが、庄屋クラスなど在村のリーダー層の知識欲によって学び得たものが、民衆の意識に入っていったというようなチャンネルも考えておくべきであろう。

明治維新直後には、「土地平均」の風聞が広まり、大きな影響を与えた。これは、幕末期の「平均」思想の広まりが背景にあり、それが維新の「王制復古」の号令を契機として、一挙に噴出した側面もあったかもしれない。

宮崎民蔵の「均」――「土地均享法草案」――

宮崎民蔵は、八郎・民蔵・彌蔵・寅蔵（滔天。一八七〇〜一九二二年）の宮崎兄弟の中で、八郎が明治十年（一八七七年）の西南戦争で亡くなって以降、宮崎家を守りつづけた人物である。末弟寅蔵との関係もあって、中国の革命家孫文とも交流があり、熊本県荒尾市の家には孫文も滞在した。この宮崎兄弟については、上村希美雄氏の労作『宮崎兄弟伝』に詳しい。

民蔵は英・仏語を学び、また中江兆民（一八四七〜一九〇一年）に学んだ。地主として小作人に対した民蔵は、学問して土地の「均分」を実現してみせる、といったという。この世に生を受けた者はみな「均しく土地に対する同等の権利を有する」という信念の下、西欧思想も広範に学び、その「土地均分」思想の精髄である「土地均享法草案」を引っさげて、民蔵は欧米各国へ遊説と意見聴取の旅に出たのである。

その草案は、土地使用権は「男女の別のない平等なもの」であること、及び「土地均享権」は成人に達して実現することを規定した「土地均享権」から始まり、「土地受領法」「土地分類法」「地価算定法」全十七条からなった。第十四条では、まず土地の等級によって「平均生産力」を算定して、次にこの生産力を比量して「均量土地面積」を算定し、それによって全体で「均分」することを規定していた。土地の肥瘠や地価の上昇などを組込んだ、近代社会にも対応できる「土地均分法」だという自信と自負があったのである。

この民蔵の案はどこにも採用されることはなかったが、孫文にも影響を与えたといわれる。確かに、宮崎兄弟との深い関係の中で、孫文は「土地均享法」に対して強い関心をもち、それが「地権平均」に代表される孫文の土地政策に影響を与えたことは否めない。しかし、中国文化の中での圧倒的な「均の理念」＝「平均の理想」の伝統の中に、孫文が生れ、その空気を吸い、勉学し、生活したことを考えれば、根本的には「均」を実現しようとする思想は伝統中国のものであり、そこに民蔵の近代的な「土地均享」観が重ねられたというのが、穏当な所であろう。

とはいえ、「均の理念」の長い伝統のある中国と、近代化過程にあった日本との間で、「均の理念」＝「平均の理想」の切り結びがこのような形であったことの意義は決して小さくはない。

そして、この民蔵に前後する時期、「土地平分」の思想なども見られ、やがて中国同様に共産主義的「均の理念」の影響も強まるのである。

なお、孫文の「地権平均」は戦後台湾において実施され、土地制度の根幹を成して大きな成果をあげた。ただ、現在では大きな修正を余儀なくされているようであるが〔川瀬光義『台湾の土地政策』〕。

「均の理念」の世界史的意義

中国古代の文化は、「均の理念」＝「平均の理想」という中国社会を大きく規定する理念を生みだし、「太平」「大同」という「ユートピア」の原型を作りだした。そこには、さらに仏教の「平等」観念や弥勒仏による救済、マニ教の禁欲主義や明王による革命思想等々が加えられて、反乱や社会運動の動力となった。「公平」社会への希求は激しかった。現在の共産党下の中国も例外ではなく、「平均主義」の破壊力への恐怖心も見える。

しかも、本章で垣間見たように、この理念は朝鮮半島や日本にも影響を与えた。時代的に古代から現在に至る長期にわたる形成と変遷があったこと、及び影響した範囲が広いことを考えれば、西欧の生み出した民主主義・自由・人権などと並ぶ、東アジアの政治・社会思想として、「均の理念」＝「平均の理想」は世界史的に大きな意義を有しているといって、過言ではない。

昭和天皇の終戦の詔勅に、平和を希求する意志を明示して「太平」が使われたことも、このような東アジア的伝統の中で起こったことであった。

あとがき

「均の理念」について考え始めて以来、かれこれ二十年近くになろうとしている。一九八四年から五年にかけて三点の研究を公表してから、時代も広げ、問題点についても深めようと考えた。そのため、史料と諸研究の探索・検討に努め、「均の理念」「太平」の関わる諸問題を通時的に叙述する作業を進めた。もとよりこれらは中国史全般にわたる問題であり、中国学のほとんど全分野に関係するテーマなので研究・叙述は容易ではないが、部分ではなく全体の考察を行わないと中国社会の特質を把握できないと考えた。

多岐にわたる作業の過程で、様々な民衆反乱・宗教反乱を叙述の中に組み入れる必要を感じ、同時に「太平」・反乱と密接に関わる「ユートピア」論も避けて通れないと考えた。そのためそれらを検討・整理する作業を続け、一部については授業で話す機会を持った。

私の所属する東北大学・東北アジア研究センターは、東北アジア（東アジア・北アジア・日本）地域について、文理融合・連携によって総合的な「地域研究」を行うことを目的とした組織である。したがって、中国史研究を私の学問的存立基盤としながらも、中国史研究を「地域研究」として「再編」することを自らに課すことが求められているし、さらに文理融合の「地域研究」にまで展開させるという困難な課題も負っている。

そのため、中国以外にも目を向け、また理系分野にも視野を広げる必要性を認めた。その中で、センターと関係の深いロシア・シベリアのノボシビルスク市に本部があるロシア科学アカデミー・シベリア支部との共同研究のインフラ整備のために、全くの門外漢ではあるが、多くの助力を得て衛星通信システム（VSAT）と気象衛星ノアのシベリア・データ受信システム立上げを行ってきた。これについてはデータ処理の専門家の努力によって、センターのホーム・ページでシベリア•モンゴル画像データとして公開するまでになっている。この過程で国内的・国際的な諸問題に直面したが、それを解決していく中で「地域研究」の現代的課題もみえてきた。

私なりのこのような実践を通して、「地域研究」者としての目を養ってきたつもりである。そうした試行錯誤の中で重要だと考えたのが「地域」の人々の「心情」である。それは時として「情念」「怨念」とでも表現できる形で、なんらかの危機的状況の中で突発的に噴出することが多い。これは「地域」の人々の、民族的・宗教的・文化的・歴史的背景に基づく「理念」「観念」「感情」「歴史認識」「ユートピア観」といったものを基底としていることが多い。政治・外交・経済・文化・科学技術等々における「交流」においてもこの問題にぶつかることが多く、各種の「摩擦」の中に沸々とした「情念」がみられる。これは政治によって利用されることもあれば、逆に政治のコントロールができないまでの盛り上りをみせることもある。

このような地域の「心情」や「理念」の一つとして、私が年来研究を進めてきた「均の理念」「ユートピア」問題があるという確信をもつに至った。その意味で、本書は、「中国史研究」と「東北アジア地域研究」とを結合したものであるといえる。「全体」を通してみることと「地域研究」との結合を考えたために、本書では詳細な考証や注釈を省いて、「均の理念」と「ユートピア」がこの地域で果たした役割とその展開に主眼をおいて叙述した。読者諸子はこの点を了とされたい。

ただし、東北アジア全域と全時代をカバーすることは私の能力をはるかに超えるので、中国を中心とした東アジアに限定せざるを得なかった。また中国についても「満洲国」の「王道楽土」も入れるべきかもしれないが、これについてはすぐれた研究も多いので触れなかった。しかし、共産主義を理想としたソ連七十五年という「ユートピア」論がロシア・ソ連史の重要課題としてあることを想起したとき、本書のテーマは東北アジア地域全域にわたる学際的研究テーマとなりうるものであると考えている。

本書が公刊されるについては、汲古書院の坂本健彦氏・石坂叡志氏のご理解が無くては不可能であった。また小林詔子氏には編集面でたいへんお世話になった。記して謝意を表するものである。

二〇〇一年六月

山田勝芳

参考文献

＊関係する研究書・論文は多数にのぼるが、ここでは文中直接引用したものを中心に、必要な範囲のものだけをあげてある。なお、本書の構想全体に関わる私の研究は「中国古代における均の理念――均輸平準と『周礼』の思想史的検討――」「均の理念の展開――王莽から鄭玄へ――」「均の理念の展開――『周礼』の時代とその終焉――」の三点である。また、本文中で必要なものについてだけ引用を明示したが、それ以外についてもこの参考文献目録にあげた諸研究に多くを負っている。

浅野裕一　『孔子神話』　岩波書店　一九九八年

吾妻重二　「王安石『周官新義』の研究」（小南一郎編『中国古代礼制研究』京都大学人文科学研究所　一九九五年）

網野善彦　『日本中世の民衆像――平民と職人――』　岩波書店　岩波新書　一九八〇年

伊原澤周　「孫中山的平均地権論与宮崎民蔵的土地均享思想」（『歴史研究』一九九一年第四号）

池田　温　『中国古代籍帳研究　概観・研究』　東京大学東洋文化研究所　一九七九年

池田　誠　「均産一揆の歴史的意義――九～一〇世紀における変革の一問題――」（『歴史学研究』第一

五二号　一九五一年）
入間田宣夫『百姓申状と起請文の世界――中世民衆の自立と連帯――』東京大学出版会　一九八六年
岩井茂樹「清代の版図順荘法とその周辺」（『東方学報』京都　第七十二冊　二〇〇〇年）
上島　享「一国平均役の確立過程――中世国家論の一視角――」（『史林』第七十三巻第一号　一九九〇年）
上村希美雄『宮崎兄弟伝』日本篇（上下）・アジア篇（上中下）葦書房　一九八四～一九九九年
内田吟風「北周の律令格式に関する雑考」（『東洋史研究』第十巻第五号　一九四九年）
内山完造『平均有銭――中国の今昔――』同文館　一九五五年
宇野精一『中国古典学の展開』北隆館　一九四九年
王輝（橋爪大三郎他訳）『中国官僚天国』岩波書店　一九九四年
王　克陵「西周時期〝天下之中〟的抧定与〝王土〟勘測」（『湖北大学学報』哲学社会科学版　一九九〇年第二期）
王　仲犖『北周六典』中華書局　一九七九年
大室幹雄『囲碁の民話学』せりか書房　一九七七年
同　『劇場都市』三省堂　一九八一年
加賀栄治『中国古典解釈史・魏晉篇』勁草書房　一九六四年

柯　毓賢　「『転天図経』考」（『食貨月刊』復刊　第十三巻第五・六号　一九八三年）
加藤常賢　「公私考」（『中国古代文化の研究』二松学舎大学出版部　一九八〇年）
勝畑冬実　「北魏の郊甸と「畿上塞圍」――胡族政権による長城建設の意義――」（『東方学』第九十輯　一九九五年）
金谷　治　「中と和」（『文化』第一五巻第四号　一九五一年）
河音能平　「王土思想と神仏習合」（『中世封建社会の都市と農村』東京大学出版会　一九八四年）
川瀬光義　『台湾の土地政策　平均地権の研究』　青木書店　一九九二年
菊池勇夫　「三年の蓄えなきは国にあらず――幕藩制社会の危機管理論――」（『歴史』第八十九輯　一九九七年）
菊池英夫　「唐代敦煌社会の外貌」（池田温責任編集『講座敦煌　三　敦煌の社会』大東出版社　一九八〇年）
同　「隋唐律令法体系の歴史的位置づけをめぐる一試論――「家産官僚制国家」の法と「封建法制」論――」（唐代史研究会編『律令制――中国朝鮮の法と国家――』汲古書院　一九八六年）
小島晋治　「歴史における平均主義（農業社会主義）をめぐる中国の論争」（『季刊中国研究』第七号　一九八七年）
呉　晗　「明教与大明帝国」（『清華学報』第十三巻第一号　一九四一年）
同　『朱元璋伝』　一九六五年初版。生活・読書・新知三聯書店　一九七九年

侯　家駒　『周礼研究』　聯経出版事業公司　一九八七年
侯　外廬　「中国封建社会前後期的農民戦争及其綱領口号的発展」（『歴史研究』一九五九年第四期）
洪　廷彦　「北朝前期之儒学——南北史劄記之一」（『中国歴史博物館館刊』第七号　一九八五年）
鄺　兆江　「戊戌政変前後的康有為」（『歴史研究』一九九六年第五期）
近藤邦康　「中国のユートピア——『大同』——」（木村尚三郎編『夢とビジョン』東京大学出版会　一九八五年）
坂出祥伸　『康有為：ユートピアの開花』　集英社　一九八五年
同　『大同書』　明徳出版社　一九七六年
佐藤公彦　「清代白蓮教の史的展開——八卦教と諸反乱——」（青年中国研究者会議編『続中国民衆反乱の世界』汲古書院　一九八三年）
重沢俊郎　「周礼の思想史的考察」（『東洋の文化と社会』第四・五・七・九号　一九五四～一九六一年）
重松俊章　「宋代の均産一揆と其の系統」（『史学雑誌』第四十二巻第八号　一九一七年）
漆　俠　「論〝等貴賤、均貧富〟——宋代農民的政治経済思想」（『中国史研究』一九八二年第一期）
謝　剛　「論孫中山的〝平均地権〟」（『歴史研究』一九八〇年第四期）
朱　鳳玉　『王梵志詩研究』上下　台湾学生書局　一九八六年
徐　復観　『周官成立之時代及其思想性格』　台湾学生書局　一九八〇年

尚　明軒『孫中山伝』北京出版社　一九七九年

白川　静『字統』平凡社　一九八四年

沈　定平「関於平均主義評価的幾個問題」(『中国史研究』一九八二年第四期)

『人民中国』一九八七年十月号「座談会　若手研究者が語る中国の改革」

『人民中国』一九八六年四月号「農村の両極分解はありえない」

須川英徳『李朝商業政策史研究――十八・十九世紀における公権力と商業――』東京大学出版会　一九九四年

曾我部静雄『宋代財政史』生活社　一九四一年。大安　一九六六年　再版

宋　家鈺「関於唐末農民起義領袖〝天補均平〟称号研究中的幾個問題」(『中国農民戦争史論叢』第一集　河南人民出版社　一九七九年)

桑　兵「晩清民国時期的国学研究与西学」(『歴史研究』一九九六年第五期)

竹内弘行『中国の儒教的近代化論』研文出版　一九九五年

竹田　晃『曹操』評論社　一九七三年。一九九六年　講談社学術文庫

谷川道雄・森正夫編『中国民衆叛乱史』第一巻〜第四巻　平凡社　東洋文庫　一九七八年〜一九八三年

竺沙雅章『中国仏教社会史研究』同朋舎出版　一九八二年

中央書記処編　「秘密文件」（矢吹晋解説・訳）（『中央公論』一九八八年一月号）
『中国農村慣行調査』全六巻　岩波書店　一九五二年～一九五八年
張世和（胡鉄煕訳）「中国農業の進展と課題」（『書斎の窓』第三七一号　一九八八年一・二月号）
張錫厚校輯『王梵志詩校輯』中華書局　一九八三年
趙　靖「論劉晏関於国民経済管理的思想」（『経済科学』一九八一年第三期）
陳正炎・林其錟『中国古代大同思想研究』上海人民出版社　一九八六年
津田左右吉「『周官』の研究」（『津田左右吉全集』第一七巻　岩波書店　一九六五年）
辻康吾・加藤千洋編『原典　中国現代史　第四巻　社会』岩波書店　一九九五年
田　昌五「解井田制之謎」（『歴史研究』一九八五年第三期）
湯　志鈞『康有為与戊戌変法』中華書局　一九八四年
東京国立博物館編集『特別展　曾侯乙墓』日本経済新聞社　一九九二年
戸川芳郎・蜂屋邦夫・溝口雄三『儒教史』山川出版社　一九八七年
富田健市「西魏・北周の制度に関する一考察――特に『周礼』との関係をめぐって――」（『史朋』第十二号　一九八〇年）
中尾友則「黄宗羲の工商本業論」（『歴史学研究』第五七〇号　一九八七年）
仁井田陞『唐令拾遺』一九三三年初版。東京大学出版会　一九六四年再版

同　　『補訂　中国法制史研究　奴隷農奴法・家族村落法』東京大学出版会　一九八〇年
任　放「中国古代政治文化与経済倫理」（『中国史研究』一九九八年第一期）
野村浩一「辛亥革命の政治文化（上）（中）――民権・立憲・皇権――」（『思想』第八四一号・第八四三号　一九九四年）
日原利国『春秋公羊伝の研究』創文社　一九七六年
深尾葉子「遅れてきた革命――香港新界女子相続権をめぐる「秩序の場」について――」（瀬川昌久編『香港社会の人類学――総括と展望――』風響社　一九九七年）
夫馬　進『中国善会善堂史研究』同朋舎出版　一九九七年
馮　爾康「論田文鏡撫豫」（『中国史研究』一九八二年第二期）
ベルネリ、M. L. 著、手塚宏・広河隆一訳『ユートピアの思想史』太平出版社　一九七二年
穂積文雄『ユートピア　西と東』法律文化社　一九八〇年
彭　銀漢「収容所大陸・中国」（『中央公論』一九八四年九月号）
マンフォード、ルイス著、関裕三郎訳『ユートピアの系譜――理想の都市とは何か――』新泉社　一九七一年
三浦国雄『中国人のトポス――洞窟・風水・壺中天――』平凡社　一九八八年
三澤　純「維新変革と民衆意識――「土地平均」風聞を手掛かりに――」（『日本史研究』第三九〇号

一九九五年）
溝口雄三　『中国前近代思想の屈折と展開』　東京大学出版会　一九八〇年
同　『中国の公と私』　研文出版　一九九五年
三石善吉　『中国の千年王国』　東京大学出版会　一九九一年
宮崎市定　『九品官人法の研究』　東洋史研究叢刊　一九五六年。後『宮崎市定全集』第六巻　岩波書店　一九九二年所収
孟　祥才　「中国封建社会農民戦争中〝平等〟〝平均〟口号的歴史考察」（『中国古代史論叢』一九八二年第二輯）
森　正夫　「明中葉江南における税糧徴収制度の改革——蘇州・松江二府を中心として——」（小野和子編『明清時代の政治と社会』京都大学人文科学研究所　一九八三年）
山形万里子　「佐賀藩藩政改革における「均田制度」と陶器専売制」（『社会経済史学』第五十九巻第二号　一九九三年）
山田勝芳　「均輸平準と桑弘羊——中国古代における財政と商業——」（『東洋史研究』第四十巻第三号　一九八一年）
同　「均輸平準の史料論的研究㈡」（『歴史』第六十二輯　一九八四年）
同　「中国古代における均の理念——均輸平準と『周礼』の思想史的検討——」（『思想』第七二

一号　一九八四年）
同　「均の理念の展開――王莽から鄭玄へ――」（『東北大学教養部紀要』第四十三号　一九八五年）
同　「均の理念の展開――『周礼』の時代」とその終焉――」（『集刊　東洋学』第五十四号　一九八五年）
同　「伊達政宗の「獨眼龍」――中国的故事あるいは制度受容の一面――」（『国際文化研究』創刊号　一九九四年）
同　「中国の官僚制――東アジア官僚制比較研究序説――」（東北大学大学院『国際文化研究科論集』創刊号　一九九四年）
同　「中国古代の「家」と均分相続」（『東北アジア研究』第二号　一九九八年）
同　「関帝廟に集まる地域――中華「地域」と関帝信仰――」（松本宣郎・山田勝芳編『地域の世界史　第七巻　信仰の地域史』山川出版社　一九九八年）
同　『貨幣の中国古代史』　朝日新聞社　朝日選書　二〇〇〇年
山室恭子　『黄門さまと犬公方』文藝春秋社　文春新書　一九九八年
喩　松青　「『転天図経』新探」（『歴史研究』一九八八年第二期）
同　『民間秘密宗教経巻研究』聯経出版事業公司　一九九四年
楊　育彬　『河南考古』中州古籍出版社　一九八五年

楊　世文　「啖助学派通論」（『中国史研究』一九九六年第三期）
吉川忠夫　『六朝精神史研究』　同朋舎出版　一九八四年
同　「元行沖とその「釈疑」をめぐって」（『東洋史研究』第四十七巻第三号　一九八八年）
ジル・ラプージュ著、中村弓子・長谷泰・巖谷国士訳　『ユートピアと文明――輝く都市・虚無の都市――』　紀伊国屋書店　一九八八年
羅　家倫　『国父年譜　初稿』上下　正中書局　一九五九年
羅　爾綱　「関於太平天国不准絵人物的問題」（『文物』一九八五年第七期）
酈　純　『太平天国制度初探　増訂本』　中華書局　一九六三年
劉　希為　「《均節賦税恤百姓六条》疏証――略評唐代陸贄的経済思想」（『中国古代経済史論叢』東北師大　一九八三年）
劉　精誠　「魏孝文帝崇儒及其家庭生活」（『北朝研究』一九九〇年第一期）
林　慶元　「章太炎是小資産階級思想家」（『歴史研究』一九八五年第四期）
若尾政希　『「太平記読み」の時代――近世政治思想史の構造――』　平凡社　平凡社選書　一九九九年
渡辺信一郎　「天下の領域構造――戦国秦漢期を中心に」（『京都府立大学学術報告』人文・社会　第五十一号　一九九九年）

渡辺 浩 『東アジアの王権と思想』東京大学出版会 一九九七年

Hsiao Kung-chuan A Modern China and a New World: K'ang Yu-wei, Reformer and Utopian, 1858 - 1927. University of Washington Press, 1975.（中国語訳：蕭公権著 汪栄祖訳『近代中国与新世界——康有為変法与大同思想研究——』江蘇人民出版社 一九九七年）

20 グリーンティーとブラックティー

矢沢利彦著　「中英貿易史上の中国茶」の副題を持つ本書は一八世紀から一九世紀後半にかけて中英貿易で取引された中国茶の物語である。当時の文献を駆使して、産地・樹種・製造法・茶の種類や運搬経路まで知られざる英国茶史の原点をあますところなく分かりやすく説明する。▼260頁／本体3200円

21 中国茶文化と日本　布目潮渢著

近年西安西郊の法門寺地下宮殿より唐代末期の大量の美術品・茶器が出土した。文献では知られていたが唐代の皇帝が茶を愛玩していたことが証明された。長い伝統をもつ茶文化－茶器について解説し、日本への伝来と影響についても豊富な図版をもって説明する。カラー口絵4葉付　▼300頁／本体3800円

22 中国史書論攷　澤谷昭次著

先年急逝された元山口大学教授澤谷先生の遺稿約三〇篇を刊行。東大東洋文化研究所に勤務していた時「同研究所漢籍分類目録」編纂に従事した関係から漢籍書誌学に独自の境地を拓いた。また司馬遷「史記」の研究や現代中国の分析にも一家言を持つ。▼520頁／本体5800円

23 中国史から世界史へ　谷川道雄論

奥崎裕司著　戦後日本の中国史論争は不充分なままに終息した。それは何故か。谷川氏への共感をもとに新たな世界史像を目ざす。▼210頁／本体2500円

24 華僑・華人史研究の現在

飯島　渉編　「現状」「視座」「展望」について15人の専家が執筆する。従来の研究を整理し、今後の研究課題を展望することにより、日本の「華僑学」の構築を企図した。▼350頁／本体2000円

25 近代中国の人物群像　——パーソナリティー研究——　波多野善大著

激動の中国近現代史を著者独自の歴代人物の実態に迫る研究方法で重要人物の内側から分析する。▼536頁／本体5800円

26 古代中国と皇帝祭祀　金子修一著

中国歴代皇帝の祭礼を整理・分析することにより、皇帝支配による国家制度の実態に迫る。▼340頁／定価本体3800円

27 中国歴史小説研究　小松　謙著

元代以降高度な発達を遂げた小説そのものを分析しつつ、それを取り巻く環境の変化をたどり、形成過程を解明し、白話文学の体系を描き出す。▼300頁／定価本体3300円

28 中国のユートピアと「均の理念」

山田勝芳著　中国学全般にわたってその特質を明らかにするキーワード、「均の理念」「太平」「ユートピア」に関わる諸問題を通時的に叙述。▼260頁／定価本体3000円

〈続刊予告〉明治の碩学・文人叢談　三浦　叶著／中国革命と日本・アジア　寺廣映雄著／陸賈『新語』の研究　福井重雅著／中国のアルバ－系譜の詩学　川合康三著

11 中国語文論集 文学篇　太田辰夫著

本巻には文学に関する論考を収める。「紅楼夢」新探／「鏡花縁」考／「児女英雄伝」の作者と史実等。付固有名詞・語彙索引

▼350頁／本体3398円

12 中国文人論　村上哲見著

唐宋時代の韻文文学を中心に考究を重ねてきた著者が、詩・詞という高度に洗練された文学様式を育て上げ、支えてきた中国知識人の、人間類型としての特色を様々な角度から分析、解明。

▼270頁／本体2912円

13 真実と虚構―六朝文学　小尾郊一著

六朝文学における「真実を追求する精神」とはいかなるものであったか。著者積年の研究のなかから、特にこの解明に迫る論考を集めた。▼350頁／本体3689円

14 朱子語類外任篇訳注　田中謙二著

朱子の地方赴任経験をまとめた語録。当時の施政の参考資料としても貴重な記録である。「朱子語類」の当時の口語を正確かつ平易な訳文にし、綿密な註解を加えた。▼220頁／本体2233円

15 児戯生涯―一読書人の七十年　伊藤漱平著

元東京大学教授・前二松学舎大学長、また「紅楼夢」研究家としても有名な著者が、五十年近い教師生活のなかで書き綴った読書人の断面を随所にのぞかせながら、他方学問の厳しさを教える滋味あふれる随筆集。▼380頁／本体3883円

16 中国古代史の視点 私の中国史学(1)

堀　敏一著　中国古代史研究の第一線で活躍されてきた著者が研究の現状と今後の課題について全二冊に分かりやすくまとめた。本書は、1時代区分論　2唐から宋への移行　3中国古代の土地政策と身分制支配　4中国古代の家族と村落の四部構成。

▼380頁／本体3883円

17 律令制と東アジア世界 私の中国史学(2)

堀　敏一著　本書は、1律令制の展開　2東アジア世界と辺境　3文化史四題の三部よりなる。中国で発達した律令制は日本を含む東アジア周辺国に大きな影響を及ぼした。東アジア世界史を一体のものとして考究する視点を提唱する著者年来の主張が展開されている。▼360頁／本体3689円

18 陶淵明の精神生活　長谷川滋成著

詩に表れた陶淵明の日々の暮らしを10項目に分けて検討し、淵明の実像に迫る。内容＝貧窮・子供・分身・孤独・読書・風景・九日・日暮・人寿・飲酒　日常的な身の回りに詩題を求め、田園詩人として今日のために生きる姿を歌いあげ、遙かな時を越えて読むものを共感させる。▼300頁／本体3204円

19 岸田吟香―資料から見たその一生　杉浦　正著

幕末から明治にかけて活躍した日本近代の先駆者―ドクトル・ヘボンの和英辞書編纂に協力、わが国最初の新聞を発行、目薬の製造販売を生業としつつ各種の事業の先鞭をつけ、清国に渡り国際交流に大きな足跡を残すなど、謎に満ちた波乱の生涯を資料に基づいて克明にする。▼440頁／本体4800円

汲古選書

既刊28巻

1 一言語学者の随想

服部四郎著

わが国言語学界の大御所、文化勲章受賞・東京大学名誉教授故服部先生の長年にわたる珠玉の随筆75篇を収録。透徹した知性と鋭い洞察によって、言葉の持つ意味と役割を綴る。
▼494頁／本体4854円

2 ことばと文学

田中謙二著

「ここには、わたくしの中国語乃至中国学に関する論考・雑文の類をあつめた。わたくしは〈ことば〉がむしょうに好きである。生き物さながらにうごめき、またピチピチと跳ねっ返り、そして話しかけて来る。それがたまらない。」（序文より）京都大学名誉教授田中先生の随筆集。
▼320頁／本体3107円

3 魯迅研究の現在

同編集委員会編

魯迅研究の第一人者、丸山昇先生の東京大学ご定年を記念する論文集を二分冊で刊行。執筆者＝北岡正子・丸尾常喜・尾崎文昭・代田智明・杉本雅子・宇野木洋・藤井省三・長堀祐造・芦田肇・白水紀子・近藤竜哉
▼326頁／本体2913円

4 魯迅と同時代人

同編集委員会編

執筆者＝伊藤徳也・佐藤普美子・小島久代・平石淑子・坂井洋史・櫻庭ゆみ子・江上幸子・佐治俊彦・下出鉄男・宮尾正樹
▼260頁／本体2427円

5・6 江馬細香詩集「湘夢遺稿」

入谷仙介監修・門玲子訳注　幕末美濃大垣藩医の娘細香の詩集。頼山陽に師事し、生涯独身を貫き、詩作に励んだ。日本の三大女流詩人の一人。
▼⑤本体2427円／⑥本体3398円好評再版

7 詩の芸術性とはなにか

袁行霈著・佐竹保子訳　北京大学袁教授の名著「中国古典詩歌芸術研究」の前半部分の訳。体系的な中国詩歌入門書。
▼250頁／本体2427円

8 明清文学論

船津富彦著

一連の詩話群に代表される文学批評の流れは、文人各々の思想・主張の直接の言論場として重要な意味を持つ。全体の概論に加えて李卓吾・王夫之・王漁洋・袁枚・蒲松齢等の詩話論・小説論について各論する。
▼320頁／本体3204円

9 中国近代政治思想史概説

大谷敏夫著　阿片戦争から五四運動まで、中国近代史について、最近の国際情勢と最新の研究成果をもとに概説した近代史入門。1阿片戦争　2第二次阿片戦争と太平天国運動　3洋務運動等六章よりなる。付年表・索引
▼324頁／本体3107円

10 中国語文論集　語学・元雑劇篇

太田辰夫著

中国語学界の第一人者である著者の長年にわたる研究成果を全二巻にまとめた。語学篇＝近代白話文学の訓詁学的研究法等、元雑劇篇＝元刊本「看銭奴」考等。
▼450頁／本体4854円

著者略歴

山田　勝芳　（やまだ　かつよし）

1944年９月28日、青森県に生まれる。1968年東北大学文学部史学科卒業。1971年東北大学大学院文学研究科博士課程中退。同年北海道教育大学函館分校助手。その後、同講師、助教授を経て1977年東北大学教養部助教授。1989年同教授。1993年東北大学文学部附属日本文化研究施設教授。1996年東北大学東北アジア研究センター教授。文学博士。

著書：『秦漢財政収入の研究』（汲古書院1993年）『地域の世界史　第７巻　信仰の地域史』（共編著、山川出版社1998年）『貨幣の中国古代史』（朝日新聞社2000年）『東北アジアにおける交易拠点の比較研究』（編著、東北大学東北アジア研究センター2001年）

現住所：〒982-0823　仙台市太白区恵和町29－17

汲古選書28

中国のユートピアと「均の理念」

平成十三年七月　発行

著　者　山　田　勝　芳

発行者　石　坂　叡　志

印刷所　中台整版 モリモト印刷

発行所　汲　古　書　院

〒102-0072　東京都千代田区飯田橋二―五―四

電　話〇三（三二六五）九七六四

ＦＡＸ〇三（三二二二）一八四五

ISBN4－7629－5028－9　C3322

KYUKO-SHOIN, Co.,Ltd. Tokyo

索　引

本索引では、全書に渡って多出する「太平」「均」「平」「ユートピア」「均の理念」「平均の理想」などについては、必要なものだけをあげてあり、その他全般に適宜省略を加えている。

一般事項

人　名

書　名